化学工业出版社"十四五"普通高等教育规划教材

设计基础
三大构成

张丽　主编

化学工业出版社

·北京·

内容简介

《设计基础三大构成》系统讲述了设计基础所涉及的平面构成、色彩构成、立体构成的理论知识与实践应用实例。内容包括：设计构成与时代发展，设计基础的研究内容，设计构成门类，平面构成的形态，点、线、面造型要素与图形创意思维；平面构成的基本形式、设计方法与主题表现；视觉空间的含义与视觉价值；色彩体系与色彩科学的发展、色彩的对比与调和；色彩情感与人类心理以及色彩构成原理与实践；立体构成与造型转换，立体构成基本特征、形态分类、构成方法与手法，立体造型空间实践运用等理论；构成设计与新材料的运用等知识与案例。

本书可作为高等院校艺术设计、建筑设计、视觉传达设计、室内设计、景观设计、产品设计、服装设计等相关专业师生的教材，也可供设计人士和艺术设计爱好者参考。

图书在版编目（CIP）数据

设计基础三大构成 / 张丽主编． —北京：化学工业出版社，2023.8（2024.9重印）

化学工业出版社"十四五"普通高等教育规划教材

ISBN 978-7-122-43837-9

Ⅰ.①设… Ⅱ.①张… Ⅲ.①艺术-设计-高等学校-教材 Ⅳ.①J06

中国国家版本馆CIP数据核字（2023）第132385号

责任编辑：尤彩霞　　　　　　　　　　　　装帧设计：韩　飞
责任校对：刘　一

出版发行：化学工业出版社（北京市东城区青年湖南街13号　邮政编码100011）
印　　装：河北京平诚乾印刷有限公司
787mm×1092mm　1/16　印张13½　字数316千字　2024年9月北京第1版第2次印刷

购书咨询：010-64518888　　　　　　　　　　售后服务：010-64518899
网　　址：http://www.cip.com.cn
凡购买本书，如有缺损质量问题，本社销售中心负责调换。

定　　价：79.00元　　　　　　　　　　　　　　　　　　　　版权所有　违者必究

本书编审人员名单

主　　　编　张　丽
副　主　编　张馨文　胡琳琳　张玫玫
其他参编人员（按姓氏笔画排序）
王　允　王晓白　田晓菲　冯守静　乔姝函　刘方毅
刘东方　刘海燕　刘韶华　孙　燕　张　明　张　欣
张　辉　张荣国　苗　蕾　苑　娟　范宏亮　罗淑健
周　波　胡海燕
主　　　审　彭　鹏

前　言

　　设计是一门技术科学,也是一门艺术科学。设计是将科学与技术结合起来,体现出一种融古通今、以人为本的思考方式,是多种文化并存、人与自然协调的"现代化"体现。

　　设计基础作为艺术设计领域的一门基础课程,强调现代艺术设计中造型基础训练的应用性研究,通过由点到面、由分解到组合、由浅入深的课题训练,拓展学生的设计表现思路和创新意识,培养学生扎实严谨的科学思维。

　　设计基础三大构成作为高等院校艺术专业的必修课程之一,其理论与造型创造被广泛应用于视觉传达设计、室内设计、建筑设计、景观设计、产品设计、服装设计等领域。该课程主要以平面构成、色彩构成、立体构成三大体系为依托,结合设计实例分析,从视觉元素自身的结构和组织上研究、总结设计的表现形式和规律,培养学生的创新意识和思维方式,培养学生树立新时代青年人作为建设者的主人翁意识。

　　《设计基础三大构成》在编写过程中,深刻落实党的二十大"全面把握新时代的伟大变革"精神要求,融入课程思政元素,理论联系实际,融设计基础造型与构成理论研究为一体,把构成与设计原理和方法、设计形态与图形创意相关联,以图文并茂的形式引导读者研究、思考与探索。本书侧重于三大构成与专业设计的衔接,并引用国内外艺术设计领域的优秀设计图例和代表性的学生习作,力图达到学以致用的教学效果。

本书以创造性思维和创新性手段，促进学生科学艺术地思考、总结造型规律，使学生能够掌握一定的表现形式和艺术语言，理解艺术与设计、职业与道德的关系。本教材把设计创新与当代社会责任感结合起来，弘扬民族精神，以体现视觉形象的设计造型元素与形式语言，熔铸出千姿百态、生机盎然的可视性艺术王国。

本书由张丽主编。第1章由罗淑健、张玫玫编写，第2章由张丽、王晓白编写，第3章由张馨文、张丽、田晓菲编写，第4章由胡琳琳、苗蕾编写，第5章由刘方毅、张丽编写。王允、乔姝函、刘东方、刘海燕、刘韶华、孙燕、张明、张荣国、张辉、张欣、胡海燕、周波、范宏亮、苑娟、冯守静提供了书中相关图片与文献资料。本书在编写过程中，选取了部分优秀学生作品，得到了山东工艺美术学院、山东师范大学等院校诸位同仁的倾力支持。借此书出版之际，一并表示诚挚的感谢！

鉴于编者学识有限，书中难免有不足之处。因此，谨切期盼设计界的专家、同仁不吝赐教指正，以便我们修订完善。

编者

2023年5月

目 录

第1章 绪 论 ………………… 1

1.1 设计基础三大构成概述 ………… 1
　1.1.1 设计基础的研究内容与任务 … 2
　1.1.2 设计构成与时代发展 ……… 3
　1.1.3 构成设计门类 …………… 7
1.2 形式美的基本规律与设计审美 … 11
　1.2.1 设计形式美的基本规律 …… 11
　1.2.2 设计审美与意境 ………… 14

第2章 设计基础三大构成——
　　　 平面构成篇 ………… 17

2.1 平面构成的概述与造型基本
　　要素 ……………………… 17
　2.1.1 平面构成的概述 ………… 17
　2.1.2 平面构成的造型基本要素 … 19
2.2 平面构成的形态与图形创意 …… 30
　2.2.1 形与形态构成 …………… 30
　2.2.2 形与形态的造型方法 …… 31
　2.2.3 形态创意思维方法与主题
　　　　表现 ………………… 36
　2.2.4 变换基本形以丰富形象的多
　　　　元创造 ……………… 40

　2.2.5 平面图形创意的设计方法 … 46
2.3 平面构成的基本形式与构图 …… 50
　2.3.1 平面构成的基本形式 …… 50
　2.3.2 平面构图的组织形式 …… 64
2.4 平面构成与空间构架 ………… 67
　2.4.1 视觉空间的含义与视觉价值 … 67
　2.4.2 平面构成中的空间观念 … 67
　2.4.3 平面构成中的立体空间效果 … 68
　2.4.4 层次秩序与视觉空间表现 … 69
2.5 平面构成的肌理方法和形式 …… 75
　2.5.1 肌理的定义 ……………… 75
　2.5.2 肌理的分类 ……………… 75
　2.5.3 平面肌理常用的手绘制作
　　　　方法和形式 …………… 76
　2.5.4 平面肌理的设计应用 …… 78

第3章 设计基础三大构成——
　　　 色彩构成篇 ………… 79

3.1 色彩体系与色彩科学的发展 …… 79
　3.1.1 色彩与构成概述 ………… 79
　3.1.2 色立体及色彩的信息传递 … 82
　3.1.3 色彩的混合 …………… 86
3.2 色彩情感与人类心理 ………… 88

3.2.1 色彩的性格与直感性心理 … 88
3.2.2 色彩的联想与象征 … 90
3.2.3 色彩的心理感知与通觉情感 … 92
3.2.4 色彩与视知觉现象 … 97
3.3 色彩构成的原理与方法 … 100
  3.3.1 色彩的采集 … 100
  3.3.2 采集色的重构设计 … 101
3.4 色彩的对比与构成 … 104
  3.4.1 色相对比 … 104
  3.4.2 明度对比 … 107
  3.4.3 纯度对比 … 111
  3.4.4 色彩的面积与位置对比 … 112
  3.4.5 色彩的形状与聚散对比 … 114
3.5 色彩的调和与构成 … 115
  3.5.1 色彩调和的基本方法 … 115
  3.5.2 几何形状的色彩调和 … 119
  3.5.3 奥斯特瓦尔德色彩调和理论 … 120
  3.5.4 孟赛尔色彩调和理论 … 123
3.6 色彩构成的理论与实践 … 125
  3.6.1 视觉传达设计色彩构成的实践应用 … 125
  3.6.2 环境艺术设计色彩构成的实践应用 … 132

第4章 设计基础三大构成——立体构成篇 … 143

4.1 立体构成概述 … 143
  4.1.1 立体构成的基本特征与设计理念 … 143
  4.1.2 立体构成与造型转换 … 144
  4.1.3 立体构成的形态分类 … 148
4.2 立体构成造型的基本元素 … 149
  4.2.1 点元素 … 149
  4.2.2 线元素 … 151
  4.2.3 面元素 … 153
  4.2.4 体元素 … 155
  4.2.5 色彩 … 155
  4.2.6 材料 … 156
4.3 立体构成的造型与构成方法 … 159
  4.3.1 板式立体造型构成 … 159
  4.3.2 柱式立体造型构成 … 161
  4.3.3 块式立体造型构成 … 163
  4.3.4 线材造型立体构成 … 166
4.4 空间形态与立体形态 … 172
  4.4.1 空间形态与立体形态概述 … 172
  4.4.2 空间形态的构成形式与方法 … 177

4.5 立体造型空间的实践运用 ……… 181
    4.5.1 立体构成在包装设计中的应用 ……………………………… 181
    4.5.2 立体构成在工业设计中的应用 ……………………………… 181
    4.5.3 立体构成在环境景观设计中的应用 ……………………………… 183
    4.5.4 立体构成在建筑造型设计中的应用 ……………………………… 183

第5章 设计构成与新材料的运用 ……… 187

5.1 设计材料的审美与肌理的特性 … 187
    5.1.1 材料的审美与肌理的特性 … 187
    5.1.2 设计构成色彩肌理的形式语言 ……………………………… 190
5.2 新材料特性对艺术设计的影响 ……………………………… 195
    5.2.1 新材料的设计启示 ………… 195
    5.2.2 现代产品设计材质比较 …… 196
    5.2.3 新材料的设计美感及实践应用 ……………………………… 199

参考文献……………………………… 207

后记…………………………………… 208

第1章 绪论

导言：

　　构成设计是一种造型活动，设计的灵魂是文化，现代设计是一种文化创造行为，是通过一定物质文明和精神因素来体现时代、地域、民族等文化特点，优秀的设计作品应当通过美的形式和内容体现深厚的文化底蕴。设计基础教育以"三大构成"为内容，从平面、立体、色彩抽象形态入手，按照一定的形式美法则，培养学生的设计创新语言，用设计智慧服务于行业发展，服务于社会民众需要，展现设计的力量。

1.1 设计基础三大构成概述

　　当前，我国正处于经济社会的高速发展时期，艺术设计正经历着一个与不同地域、不同文化、不同世界观相碰撞、融合的历史过程。设计教育的研究目的就是让我们培养的设计人才在具备创造性设计能力的同时，完成提高人类物质文化生活水平和美化生存环境的任务，这也是当前设计学科培养设计创新语言的一项主要任务。

　　构成与设计最大的差异就是设计属于有目标的创意行为，是通过某种有意识的活动达成某种特定的目标。而构成是不受任何外界功能性制约的、自由纯粹的造型创意行为，从构思创意到制作完成，整个过程中都完全不必考虑作品的用途、功能以及产品的特性等影响因素，而只是从纯形式的角度研究、探索以及表现美。设计基础三大构成能够运用形式美规律，结合三大构成在现代造型设计实践中的应用，从平面、色彩到立体空间进行艺术的设计与表达。构成是一种组合，设计与构成密不可分（图1-1）。

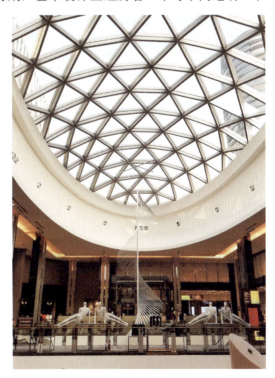

图1-1　香港新濠天地

1.1.1 设计基础的研究内容与任务

在全球一体化的今天，设计艺术作为信息与观念交流的载体，已成为人们生活中不可缺少的重要部分。建筑与环境设计、工业产品与造型设计、服装与饰品设计、视觉传达设计等都是设计的重要内容，这就需要设计人员提高自身的综合素质，了解设计的基本理论、原理，掌握平面构成、色彩构成与立体构成三大构成的规律和方法，运用现代科学技术手段更好地设计出满足人们需求的产品和项目。设计基础三大构成成为设计教育中的必修课程和重要组成部分。

在信息时代，全球一体化已势不可当。一个成功的设计应将不同地区、不同文化背景的人的共通性意念，通过图形文化的方式表现出来，以求让人们免去因文化、地域、语言、种族等因素而产生的交流障碍。可以说，通过视觉语言来达到心灵之间的直接沟通。随着经济全球化进程的加快，产品全球化不可避免。我们的设计教育该如何定位，成为设计者首先要思考的问题。设计教育包含着更多学科文化相互交叉的知识结构体系，设计基础的研究目的与任务可从以下几个方面做简要阐述（图1-2、图1-3）。

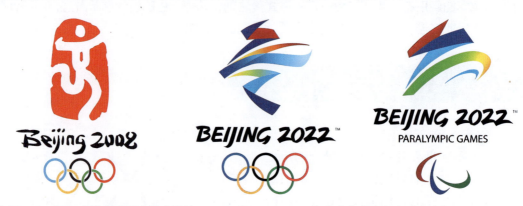

图1-2　2008年北京奥运会标志设计　　　　图1-3　2022年北京冬奥会与冬残奥会标志设计

（1）民族与全球兼顾

纵观世界文化发展史，世界文化是建立在各民族文化基础上的，没有丰富多样的民族文化，就不会有高度发达的世界文化。因此，就设计风格而言，我们不能一味地追随西方，应重新审视我们中华民族文化的内涵和特征，并以新的民族文化形式去适应现代生活的需要，创造新的设计风格。在设计文化方面，我们越要表现出个性，就越要强调我们自己的特点。传统文化的积淀塑造了我们民族的精神特质，并渗透到我们生活、学习的各个方面。越是民族的，就越是世界的，我们应把民族文化设计与世界文化艺术相融合，创造新的时尚。民族特色就是个性，民族文化的差异将成为未来社会文化多样性的源泉。因此，研究中外优秀历史文化成为设计师的任务之一。

（2）传统与现代并重

当我们的国家正在走向世界、走向现代化、走向可持续发展和美好未来的时候，我们的设计也正处于不同传统文化、科学文化和人文文化的大交流和大融合时期。传统是被历史所选择和确认的人类生活方式、过程、产品及其价值的客观存在，它表现为既定的物质存在、精神存在及两者交融的艺术存在。设计中对传统的继承与发展主要表现为对传统形式的继承与发展，在吸收传统形式的精华的同时，立足于用古典传统来表现现代社会的文化诉求，有意识或无意识地运用传统文化符号的同时注意把握现代文化的脉搏，力求设计作品个性化、风格多样化，使传统与现代、过去与今天连接，将传统与现代文化创新相结合，以新的方式来表现，目的是使设计具有丰富的文化底蕴。

（3）实用与审美统一

优秀的设计作品总是实用与审美、物质与精神、科学与艺术的统一体。它既是物质文化的主体，又是精神文化的载体。同时设计也是科学与艺术的结合体，是物化了的文化艺术，是艺术化了的科学技术。材料科学与工艺技术是构成设计文化的基本成分，没有这些，所谓哲理、流派、风格、美感、寓意将无所依附。造型、色彩、肌理、构件、装饰图案是设计文化的重要组成部分，离开了造型的设计艺术，也就失去了设计文化的意蕴，很难引起人们心灵的感受与精神的愉悦。因此设计基础内容既研究规律性的形式构成模式、形式美学特征，又注重造型的语构学要素、构成形态以及色彩设计原理，把设计形态学与审美相结合，阐释实用与审美相统一的相辅相成（图1-4）。

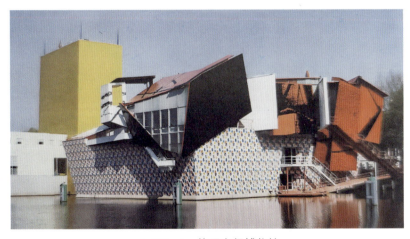

图1-4 格罗宁根博物馆

1.1.2 设计构成与时代发展

（1）现代设计发展进程

现代设计是20世纪发展起来的设计活动。现代设计的形成是基于社会的日益富足、社会向消费时代转化、科学技术不断发展以及大众媒体的日益丰富，现代设计思想的产生基于大工业的生产方式和现代文明的密切关系。

从19世纪下半叶英国的工艺美术运动，到19世纪末20世纪初欧洲和美国的新艺术运动，再到装饰艺术运动，发展到早期工业设计，装饰艺术运动几乎与现代主义设计同期诞生。20世纪20年代开始，包豪斯设计体系风靡整个世界，贯穿于从手工业社会向工业化社会转型的过程中，为现代设计奠定了思想基础，在设计教育和设计艺术两方面都具有深远的历史意义。包豪斯学院是1919年4月1日沃尔特·格罗佩斯在德国魏玛建立的设计学校，是一所艺术和设计学院，也是世界上第一所完全为发展现代设计教育而建立的学院，后改称"设计学院"，习惯上仍沿称"包豪斯"。它的宗旨和授课方向是使艺术和手工艺与工业社会需求相结合。学业包括造型创作的一切实践和知识领域，在车间进行设计与加工的手工业训练；范围包括雕塑、编织、镶嵌、铸工、制陶、装饰、玻璃、版画和印刷等方面的训练，将艺术设计理论与实践相结合，奠定了现代设计教育的结构基础。目前世界上艺术教育院校的设计基础课中，对平面和立体结构与构成形式的研究、色彩的研究、材料的研究就是包豪斯首创的。包豪斯广泛采用工作室体制进行教育，保罗·克利和约瑟夫·艾伯斯等人，在那里发挥着他们的手工艺才干。瓦尔特·格罗皮乌斯的建筑设计强调简约朴素风格，促进了"国际风格"建筑的形成。设计师马塞尔·布罗伊尔开始使用钢管家具，成为世界上第一个钢管家具设计师。伯纳德·利奇等人的陶艺也影响了全世界。形式导师伊顿、康定斯基，工作室导师林迪西、博格勒的合作强调了工艺、技术和艺术的和谐统一。他们的思想和设计理论在现代设计领域中产生了极大的作用。1925年，包豪斯迁往德国东部的德绍。包豪斯开设了平面构成、立体构成、色彩构成等课程，为现代设计的教学模式和科学发展奠定了基础，由此而诞生的设计基础教育给现代设计的发展带来了深远的影响。

欧洲第二次世界大战以前发展起来的"现代主义"设计，经过在美国的发展，成为战后的"国际主义风格"。在设计风格上，具有反装饰性、形式简单、强调功能高度系统化和理性化的特点。"二战"之后，西方发达国家的设计发展非常迅速，其中工业设计成为各国提高本国经济发展水平的有效手段。在工业社会，人们依靠技术和机器从事大规模的商品生产，工业设计对提高产品的竞争力起着关键作用。20世纪六七十年代，许多企业还关注自身的企业形象、行为标志和观念设计标志。在后工业社会，人们依赖信息并致力于发展服务业。在以计算机为标志的后工业时代，从时间上而言大约是20世纪七八十年代，电子信息技术广泛应用之后，在工业化的过程中，标准化通过产品简化、统一和系列化等手段而使劳动生产效率获得了极大的提高。但标准化在带给人们效率、质量和财富的同时，也带来了产品的单调和生活的乏味。人们住相同的标准住宅，配置着相同的家具，使用着相同的电器，在相同的时间看着相同的电视节目……生活雷同而又单一。许多人不满足于单一的生活，不再追逐与邻居使用相同的产品，于是，个性产品、个性消费、一对一的服务成为一种新的时尚。人们不再满足于造型简单、色彩单调、功能突出的机械产品，开始希望出现丰富多彩的设计品，打破了国际主义风格的严肃、冷漠、单一的面貌，代之以诙谐、富于人性和多元化的设计，于是许多设计师和作品出现了（图1-5）。

后现代主义的设计，反对设计单一化，反对理性主义，关注人性，主张对技术与科学进行多方面的审视，多元化设计和多种形式并存。设计领域开始探讨设计的民族化和个性化语言及文化内涵，在标准化、通用化、模块化设计的基础上，进行个性化的服务。强调人在技术中的主导地位和对高技术、高情感的推崇，设计哲学富有浪漫主义、个人主义。强调形态的隐喻、符号，注重设计的人文含义，提倡产品应具有艺术欣赏价值，重视地方及民族文化传统，复古怀旧，追求手工感。反对全球性风格（International Style）缺乏人文关注的问题。一些发达国家形成了具有本国特点的发展思路和设计特点，在设计中既注重紧随潮流、重视民族特征和地域特色，又关注设计作品与环境的关系，强调设计要人性化，绿化环保，同时也强调发挥个人才能，重视装饰的新趋向。设计已成为一门不断发展的、复杂的交叉性学科。

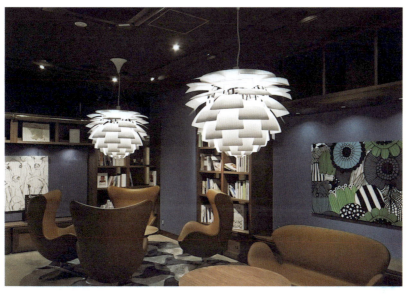

图1-5　PH-K-LAMELL吊灯　保罗·汉宁森

设计作为一种信息社会视觉载体，见证着人类发展与创造的历程。设计美化生活，并促进经济贸易发展，对推动社会的商业、社会文明进步起到不可估量的作用（图1-6～图1-8）。

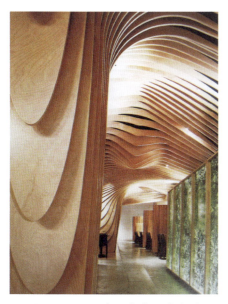

图1-6　Banq餐厅室内设计（1）

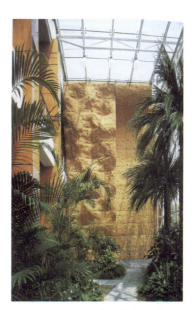

图1-7　某建筑室内设计

（2）构成成就设计

构成作为艺术设计领域的专业基础科目，存在于设计的所有领域，已经成为艺术设计工作及设计作品必须具备的个性美感等要素的基础。经济发展推动设计行业的前进，而好的设计又反过来改善人类生存的环境。在当前商品经济和科学技术相互促进、发展的时代背景下，一方面，良好的发展环境推进了产品设计的更新换代。计算机快速、高效

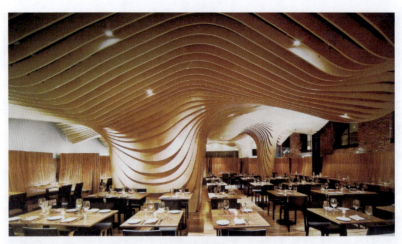

图1-8 Banq餐厅室内设计（2）

的巨大功能使得设计手段发生了翻天覆地的变革，这当然也启发了设计师更多的创作灵感，减轻了手工创作表现的压力，推动着设计构成的发展。另一方面，经济贸易的发展使商业对设计的需求量大、要求高，各种材料工具推陈出新，制作工艺不断改进，又为现代设计构成提供了丰富的素材，使得很多以前只能停留在思维中的创意得以充分地落实与表现。

21世纪，设计进入了一个空前的多元化时代，构成的创意和表现也对我们提出了多元化的个性要求。在当代信息化社会中，由于各类传播媒体的快捷更新、商品流通方式多样化以及领域扩大化，工具材料、工艺技术以及审美需求都加快了更新换代的步伐，设计师要适应商业发展，并在同类商品中推陈出新，不盲目地追逐一个时期的时尚潮流而被淹没了个性，用独特的设计作为彰显自己的背景。设计不是对时尚的响应，而是引导。设计要具备引导能力，就要求设计师拥有能够预测时尚的高瞻远瞩的眼光。预测时尚可以为商品的更新换代发展提供依据。做一个多元化的设计师，不仅需要横向把握政治动向、经济发展以及文化脉络，还要纵向把握设计的传承与创新，把握三大构成的形式语言和艺术规律，了解设计构成与新材料的运用，通过对平面构成、色彩构成、立体构成的学习，了解现代艺术和设计语言的基础知识，学习色彩调和和颜色的搭配方法，掌握色彩的构成原理和规律以及色彩体系与色彩科学的发展和构成实践，掌握立体构成的基本特征、形态分类、构成方法与手法，立体造型空间实践运用等理论，将构成应用到艺术设计中，使艺术设计具有更丰富的表现力，给设计作品注入更多的活力，以三大构成培养设计工作者理性的设计思维能力，培养设计师科学地利用设计方法感知、探索和创新设计思路，以设计使人们的生活、工作、学习变得更加方便、舒适、美观。

当然，现代设计涵盖着很多内容，它不仅要对构成原理和形式美法则以及艺术实践进行研究，还要研究设计美学和各国文化、政治环境，如传统文化与现代文化的交融，生态环境与人的关系，政治制度以及国策、方针、路线的制定实施，国家与国际的交流合作关系等，这些都会在不同程度上对设计产生影响。构成成就设计，任何形式的设计艺术都是社会意识的产物，都会与科学技术、商品经济相互融合、相互推动，促进社会经济的发展和人类的文明进步。

1.1.3　构成设计门类

构成设计是一种造型活动，构成教育是以20世纪20年代的德国包豪斯学院开设"三大构成"也就是平面构成、色彩构成、立体构成课程为起点，依照荷兰风格派所主张的"一切作品都要尽量简化为最简单的几何图形，如立方体、圆锥体、球体、长方体或是正方体、三角形、矩形等"观点来展开教学的，它打破了传统西方美术具象造型的写实手法，主要从抽象形态入手，以其系统性抽象思维造型手段，按照一定的形式美法则，培养学生的设计创新语言。这种体系语言，经过俄国的构成主义、荷兰的风格派运动和新造型主义，特别是德国包豪斯学院和现代社会的不断完善，建立起新的美学观念和设计思维方式，从而影响着全世界。

随着科技的发展，又出现了光构成、动的构成与数字媒体艺术等新的概念，共同构筑了现代造型与设计的内容。构成教育按照一定的原则和组织形式，教授一定的设计方法和美学规律，从设计语言、设计思维和设计感知能力等方面培养设计师的综合能力。

（1）平面构成

平面构成是设计的基础，是构建各种不同类型艺术设计的骨架知识，它是指在二维平面的空间里合理组合点、线、面、色彩、肌理等视觉要素，将事物的形态元素按照科学规律、审美法则和情感心理等进行归纳、组合整理，完成设计图像创造的门类。学习平面构成的目的就在于提高对视觉元素的组织安排能力，提升艺术设计的审美能力、表现能力和创造能力（图1-9）。

（2）色彩构成

色彩构成是在一定的空间里对色彩的色相、明度、纯度等要素与形态、位置、肌理的和谐组合，是从物理的和心理的角度系统了解色彩的基本理论，掌握色彩的构成方法。在所有视觉元素中，色彩的视觉传达能力是最强的。在学习中，应科学地分析色彩的视觉规律，即色彩的冷暖、进退、涨缩、轻重、软硬，深入地研究色彩的心理属性，即色彩的感情、联想、象征，以逻辑性思维创造色彩的秩序感，准确把握色彩的表情与内涵（图1-10）。

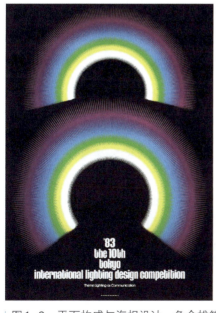

图1-9　平面构成与海报设计　龟仓雄策

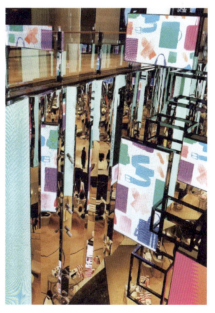

图1-10　色彩构成与室内设计

（3）立体构成

立体构成是在三维的空间里合理组合点、线、面、色彩、肌理、形态等视觉要素，按照一定的形式美的构成原理，创造三维立体形态的构成过程。立体构成与平面构成有密不可分的联系，不同角度、方向的平面组合形成了立体造型的外部形象。但两者的区别也是显而易见的，相对欣赏平面构成作品时不必移动视点而言，观看立体构成作品时观者可以转换视角移动视点观察、理解作品，作品的形态也因观者的转动、位移而变化。因此，立体构成比平面构成的设计表现力更丰厚，表达的审美内容更复杂，对材料工具以及工艺技术的涉及也更宽泛，在工作、生活中的应用影响广泛而深远。立体构成是POP广告设计、工业造型设计、玩具设计、环境艺术设计、建筑设计、空间设计等各类设计的基础，是设计专业学生不可或缺的核心知识（图1-11～图1-13）。

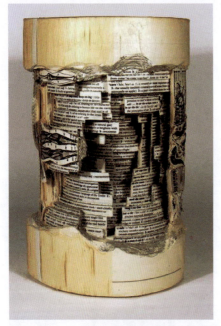

图1-11　美国艺术家Brian Dettmer作品

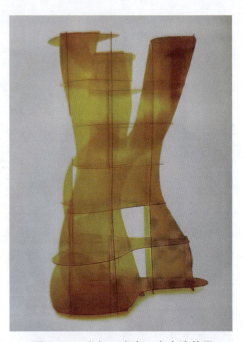

图1-12　书架　杰克·麦克法莱恩

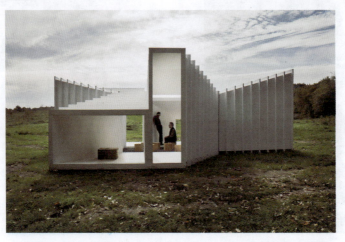

图1-13　立体构成与Zoid pavilion-Levenbetts建筑工作室

（4）光构成

光构成是以各种不同的光的强度、色彩、位置、形态为主要视觉元素，从形态构成的立场上构成作品。光构成的语言非常丰富，光的强弱、光的色调、光的形态以及光的静止与运动等都是极具表现力的特殊语言。合理并有创意地运用、组合这些语言，并结合与光有关的工具材料，能有效并强烈地显示空间深度、层次、虚实等效果，如霓虹灯、舞台灯光、夜幕中汽车灯光的轨迹等也能够创造出绚丽的空间，再如建筑设计中通过阳光洒落在结构网架以及墙面上的有秩序感的小三角形图案，给机械、简洁的建筑空间增加了精美的细节，创造了欢快明朗的空间氛围。光构成成为空间造型中有力的造型手段和直接的沟通方式（图1-14）。

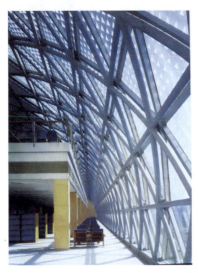 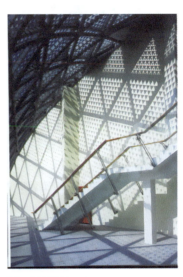

图1-14　光构成与建筑设计

（5）动态构成与新媒体艺术

世间万物没有绝对的静止，从宏观来看，现实世界千姿百态的固体、液体、气体都是运动着或相对静止的。大自然中各种各样的运动启迪人类不断改善生存条件和环境，关注运动就是关注人类本身。物体存在需要空间，移动变化也需要一定的活动余地，没有空间位置和时间过程，就无所谓物质运动。物体的移动变化需要时间延续的过程，构成的时间要素的延续性和空间要素的延展性的和谐组合，就形成了动的构成。动的构成是以合理组建时空要素为主要目的，按运动的形式分为摆动构成、滚动构成、振动构成、联动构成等。设计艺术主要是研究动的构成视觉形式美内容及其规律，是科技与艺术的结合。2022年北京冬奥会闭幕式通过AR技术在空中用数字科技"织"绘出一个象征着吉祥、团结的红色中国结，并和地屏影像形成"天地呼应"，实现AR、裸眼3D和全息显示等虚拟现实技术与舞台动态的巧妙结合，其动态可变的运动形式，强化了冬奥会实时、有效、强交互、沉浸感等惊艳动感的特点（图1-15）。

科技与艺术设计的结合是科技艺术，数字媒体属于广义的科技艺术的一个分支，也是艺术家探索与实践的工具。无论是虚拟现实艺术、网络艺术，还是录像艺术、数字雕塑，都是探索自然与科技、艺术与生活的手段，也是走向美好未来的积极探索，如新媒体理论家马丁·里斯特所说："新媒体代表那些在现有体制中尚未确定的、具有实验性的和不为多数人所熟知的媒体。"可见，新媒体艺术具有更大的跨界性和不确定性。数字媒体艺术是基于科技和媒体的艺术形式，也具有一定的视觉艺术形式构成与图式审美，通过人与技术更紧密的结合，给人的体验带来创新，其探索的未知空间非常广阔。

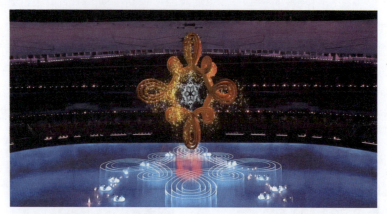

图1-15　2022年北京冬奥会闭幕式的构成运用

法国艺术家契弗里埃为不同的城市广场设计的视错觉地景艺术作品，以建筑投影和人机交互为核心，通过流动影像和网络图案等，以炫丽多变的色彩、丰富华丽的计算机图案和视错觉图形，赋予动感的地景界面，实现人机交互与环境对话的神奇互动场面（图1-16）。

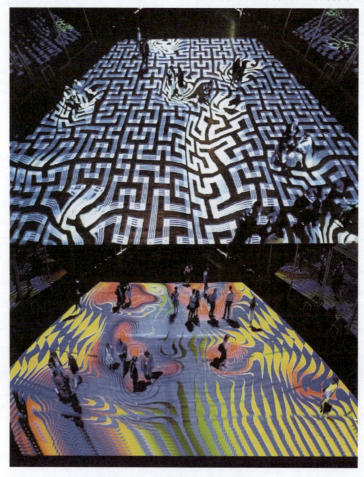

图1-16　契弗里埃的地景艺术作品

1.2 形式美的基本规律与设计审美

形式美是一种对造型的赏心悦目的视觉感受和心理反应，设计的学习与创作离不开对形式美的基本规律的掌握。一般来说，题材内容有比较强的时代、地域的局限性，而形式美感却有永恒的优越性。形式美之所以相对永恒，是因为它是在人们长期的生活实践和持续的审美意识中摸索、总结出的符合人们普遍的审美需求的精华，故适用于任何视觉艺术形式。

浅显地讲，视觉元素是可以通过视觉来交流的语言单位，是组成视觉语言的最小单位，如点、线、面、色彩、明度、疏密、肌理、空间等。在一个构成作品中，视觉元素介入得越多，每种元素自身的属性就越弱；参与构成的视觉元素越少，元素自身的属性就越强。如果把一个构成作品比作一份演讲稿，视觉元素就是演讲稿中用到的字与词，而字与词所组合成的句子也就是视觉的要素——形态。如何组合这些视觉元素和要素正是构成的实务，即一种美的形式必须要做到和谐处理各种视觉元素、要素相互间的关系。设计基础形式单从美学角度来看是各个视觉元素的组合方式和审美形式，设计的形式当然也包含着以材质、工艺的形式美表达相应的设计内容，这也是本书主要探讨的内容。

1.2.1 设计形式美的基本规律

（1）对称与均衡

空间与形态的平衡可分为对称和均衡。对称是一种最稳定、简单、传统的美，从形态上而言就是镜像，是被分割的形与量的绝对平衡，对称的形态有一条或许暗含的中轴线。它可以呈上下、左右或环状对称，在大小、形状和排列上都以中心轴对称分布。对称的形态给人成熟、稳定、安全的感受，也含有严肃、安静的和谐美。对称是最容易被设计师创作，同时又最容易被观众理解的一种形式美（图1-17）。

均衡的形式美法则，是指如何使各种造型要素在相互调节下形成一种平衡安定的现象，旨在追求视觉上和心理上的稳定性，在重量上就像平稳的天平，形与量在中心轴的两侧不再绝对相等，这种形式更具有变化性和灵活性。这种形不同、量不等的形式打破了人们富有稳定性的秩序感，因此，设计师需要巧妙利用视觉元素，更加注意弥补观众的平衡需求，设计出力度和重量在视觉上约略平衡的均衡作品。影响视觉重量的视觉元素很多，如形状的大小、长短、粗细，形态色彩的明度、纯度、冷暖，形体的透视、肌理、质感等。均衡是各视觉元素、要素之间的合理组合，给人以动感的、变化着的、耐人寻味的心理享受。由此可见，视觉上的均衡感并非指在相应位置上的形状与重量必须绝对等同，可以在设计元素的多方面的调整中获得（图1-18）。

（2）比例与尺度

比例是一种数理逻辑的表现形式。在造型与设计艺术中，比例主要是指部分与部分、部分与整体的数量关系。一件作品所涉及的比例关系可以令观者感到舒服或者别扭，在很大程度上影响人对这件作品的判断。美术与设计作品中，造型设计理念与比例、尺度的应用关系非常密切。尺度是造型结构、功能与人之间的比例关系，设计标准常常通过尺度具体反映出来。造型设计中，既要考虑造型的形状结构，又要考虑好其间的比例关系与尺度美感（图1-19）。

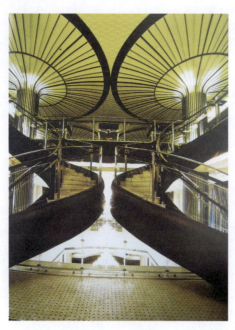
图1-17 对称

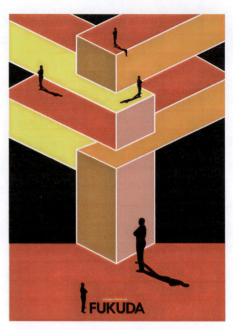
图1-18 均衡

关于比例美,许多哲学家、美术家、数学家、心理学家曾研究认为:古希腊时期所发现的黄金比例1∶1.618,给人以标准美的感觉。并证明了许多造型物体与空间的比例关系只要近似于这个数字,它们在视觉上就能够产生部分与整体的比例美感(图1-20)。

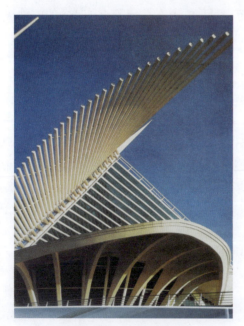
图1-19 比例与尺度

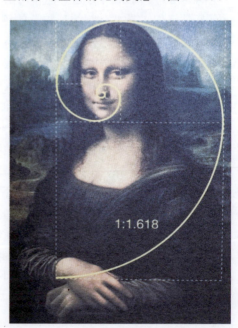
图1-20 黄金比例

(3)对比与统一

对比是指通过两个或两个以上反差大的视觉元素的合理并置,起到相互衬托的作用而突出主题。在空间形态中,对比是取得变化的主要手段。对比利用的视觉元素可以是形状对比,比如大小、长短、粗细、曲直对比以及形状的方向对比;也可以是色彩对比,包括色彩的明度对比、纯度对比、色相对比；还可以是空间的位置及透视对比、排列的疏密对比、质感肌理的对比、重量数量的对比、题材内容的对比、蕴含意义的对比以及时间空间的对比等。对比可以强化形态的个性。一件成功对比的作品能产生动力，给观众以强烈的视觉刺激，引起观众的情绪波动，留给观众深刻印象。

统一也可以说是调和，主要强调空间形态的一致性，寻找形态的共同性因素，促使形态的部分和部分之间、部分和整体之间都相互协调，使空间形态产生强烈的统一感。统一手法利用各个视觉元素的共性作为组合形态的关键，通过共性使对比的视觉元素得到过渡、调和。以统一为主要形式的作品会令观众感到一种静态的愉悦、安定、舒适，当然也容易产生呆板单调的心理效应。

对比和统一是相互制约的关系，有了对比才有了不同形态的形象，有了调和才有了共同特征，使作品统一协调。对比与调和相互依附，总是同时出现在一件作品中，只是谁为主角、谁为配角的问题。对比和统一要有主次之分，一般来说，统一是全局的，对比是少量、局部的。如果只有对比没有统一，形态就会杂乱无序；只强调统一而没有对比，形态就过于呆板，没有变化。只有两者都考虑到位，设计造型才能生动，富于变化而又不失协调。设计中对比和统一主要通过空间形态的形状、色彩、材质、疏密、虚实、凹凸、动静等手法来实现（图1-21、图1-22）。

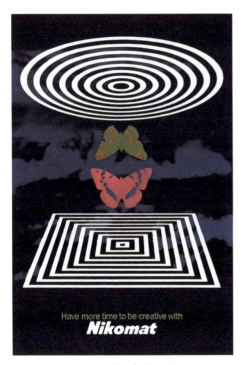
图1-21 对比与统一（1）

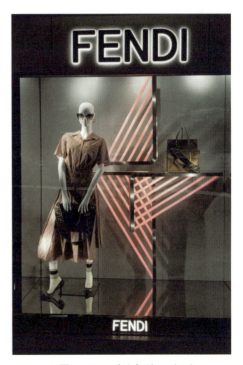
图1-22 对比与统一（2）

（4）节奏与韵律

节奏在音乐中就是节拍，有一种律动的美。"节奏如筋骨，韵律似血肉"是指音乐中的强弱、快慢、长短、高低有序的曲调，在节奏的强化之下产生情调，唱之润之，朗朗上口，形成"韵律的美"。

形态间有规律的变化、差异、对比可以产生强烈的视觉刺激，把这种变化、差异、对比加以秩序性的重复会产生令人跃动的节奏感，而韵律正是节奏的重复以及强化，将一种视觉感受强化为强悍的气势、强烈的力场，如罗马宫殿里的石柱、2008年北京奥运会开幕式节目《击缶而歌》中的方队等。音乐中的韵律是曲调节拍快慢、强弱的重复，设计中的韵律是对视觉元素的内在秩序的重复。在造型视觉艺术中，线条的疏密、刚柔、曲直、粗细、长短和体块的方、圆、角、锥、柱的秩序变化、形式感和一致性则意味着"押韵"的概念，同样也产生"韵味"。又如音乐上有大调、小调之分，大调庄重、激昂，表现雄伟；小调轻快、欢悦，表现优雅。在造型视觉艺术中，大调稳定的符号在形体上表现为方形、柱形、正圆形，在线性上表示直线与粗线的含义；小调的不稳定、活跃在形体上则表示锥体、有机体，而在线性上则表现为曲线、斜线。这些点、线、面、体、空间的符号形象，在节奏的约束下，于造型中表现出静态、动态的趋势，也就形成了"旋律"的美感。

由此看来，线条、色彩、肌理等要素有规律的重复都可以表现出不同程度的运动感以及节奏和韵律的美（图1-23、图1-24）。

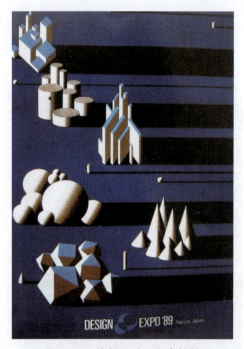

图1-23　海报设计　龟仓雄策

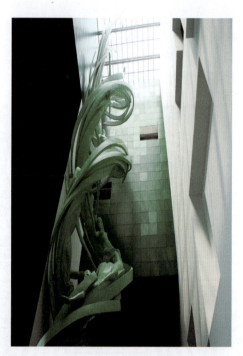

图1-24　节奏与韵律

1.2.2　设计审美与意境

（1）秩序

秩序是产生美感的必要条件，也是美的造型的基础和一切形式美法则的根本，缺乏秩序则无法形成整体统一的效果。在平面图形和空间形态造型中，秩序感是指空间形体的某种构成特征有规律和有秩序地变化，从而产生有秩序感的节奏、韵律美。秩序无论在自然界还是在日常生活中都处处存在，形态的形状、大小、色彩、材质、肌理、方向等元素，通过重复、渐变、比例、发射、特异等形式进行排列组合，从而使空间形态具有秩序性和韵律感（图1-25、图1-26）。

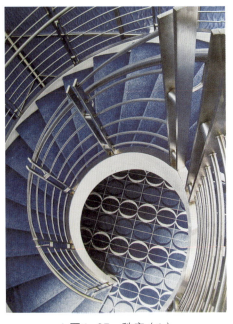
图1-25 秩序（1）

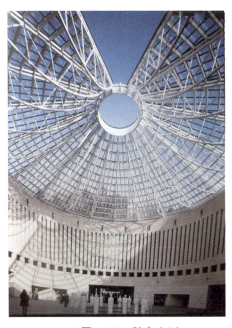
图1-26 秩序（2）

（2）单纯

单纯是用易识别的简单单元体形态去表达丰富深刻的造型与空间内容，是以少创造多的手法，减少细节，保留总体的特征，采用尽可能少的元素来创造尽可能多的造型设计，使空间形态感觉统一明确，做到以最精简的元素形态表达最有力的内容。单纯主要包括形态的单纯、色彩的单纯、空间组合秩序的单纯等（图1-27、图1-28）。

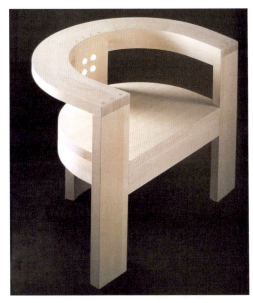
图1-27 单纯

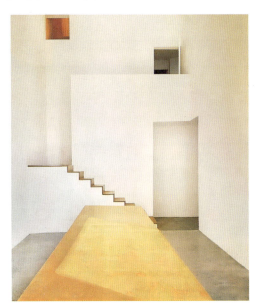
图1-28 路易斯·巴拉干自宅

（3）强调

强调含有夸张的意思，是为了更好地突出主题重点，把事物的特征突出出来，让视觉一开始就注意到主要部分。要达到强调的效果，必须主题明确，主角突出，手法洗练。我们可以运用各种方式来强调要突出的部分，但手法要有节制。一件作品所突出的常常是一个重点，否则会喧宾夺主，杂乱无章，以致失去审美价值。强调可以通过位置、色彩、光线、形状、动态等因素决定（图1-29）。

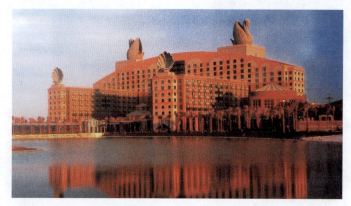

图1-29　美国奥兰多迪斯尼乐园的天鹅饭店　迈克尔·格雷夫斯

（4）意境

意境能体现出人们的精神渴求与期盼，是对艺术形式美最具内涵的阐释。意境美的正确传达可以使作者与观者之间相生共鸣，契若无间。合理运用构成的视觉元素可以激发人的情感。材料、肌理、色彩、点的形状大小、线的曲直粗细等因素都能激发人的感情。人们通过对形态认识程度的不同，来对空间形态与氛围进行联想，从而穿越作品的形象，进入意蕴的境界，感悟情趣、情境和美的意境（图1-30、图1-31）。

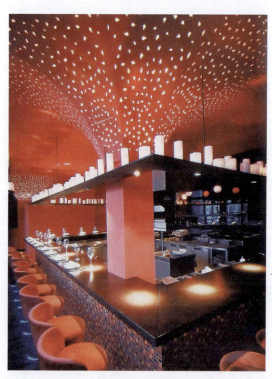

图1-30　室内设计中的意境审美（1）

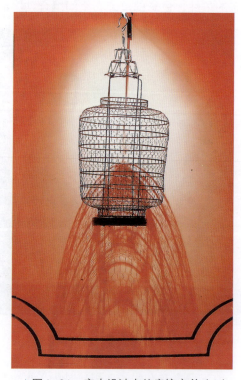

图1-31　室内设计中的意境审美（2）

第2章 设计基础三大构成——平面构成篇

导言：

平面构成是视觉元素在平面上，按照美的视觉效果和力学原理进行的编排和组合。它是以理性和逻辑推理来创造形象、研究形态与形象之间的基本形式和排列方法，是理性与感性相结合的产物。平面构成是三大构成设计之一的基础学科，学生通过学习训练多种思维方法和创作手法，不断创新与完善，创造不同形式的平面设计，使平面设计具有不同的情感体验和审美价值，服务于新时代。"新时代是奋斗者的时代"，是经历完成自我超越，拓展视野，实现社会价值的需要。

2.1 平面构成的概述与造型基本要素

2.1.1 平面构成的概述

平面构成作为设计造型的基础学科，是在二维平面空间中进行造型设计的思维方式和设计方法的综合运用，是三维立体构成和空间构成中的各组成面的设计体现。其目的是运用科学的观察方法和造型手段创造新形态、新形象、新设计语言，它能够强化设计的思维方式和创新手段。

（1）平面构成的概念

平面构成是由"包豪斯"的理论精神体系发展而来的现代设计教育方法，是现代造型设计的专业用语。它是指在二维平面空间里合理运用点、线、面、体、肌理等视觉要素，按照一定的艺术规律、形式美法则和抽象思维方式创造形态与图形，以单纯性、抽象性、装饰性、艺术性为设计原则，是一种理性化、规范化的设计创造基础内容，它所表现的立体空间并非客观世界真实的三维立体空间，而是通过二维图形的分解、组合对人的视觉产生引导作用而形成的立体幻觉空间（图2-1、图2-2）。

（2）平面构成的特点

平面构成作为设计三大构成之一的基础学科，强调设计观念与新造型思维模式，强化视觉元素的形式美感与形态美感，以基础造型设计元素为出发点，以发散性思维想象创新为理念，具有基础性、创造性、多元性、科学性的视觉语言特点。它通过或抽象或具象的视觉形象化语言体系，阐释不同的设计观念和思想，以科学体系的视觉符号语言，在二维

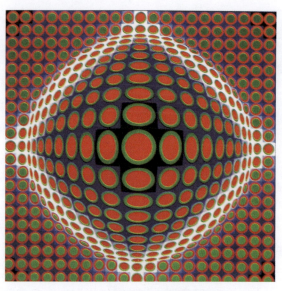 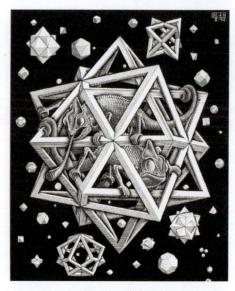

图2-1 维克托·瓦萨雷里作品　　　　图2-2 埃舍尔作品

平面中表现出视觉形态、空间结构、运动趋势、光色变换、肌理材质、情感氛围的形象内容，形成特有的造型手法和基本形式。它按设计基本元素分类有点、线、面，按组织方式分类有重复构成、特异构成、近似构成、渐变构成、发射构成、对比构成、密集构成、肌理构成、分割构成、群化构成等，是学习立体构成、空间构成、色彩构成的必要内容。

平面构成中所研究的形态、构图、形式美感、组织方式等，通过对不同课题设计中所探求的种种造型语言，形成了大量的造型设计资源储备，广泛应用于广告设计、书籍装帧、包装设计、标志构成、VI设计、染织设计、服装设计、工业设计、舞美设计、建筑设计、景观设计、室内环境设计、城市规划以及网页设计中（图2-3、图2-4）。

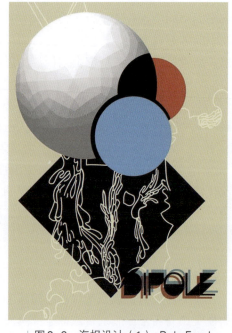 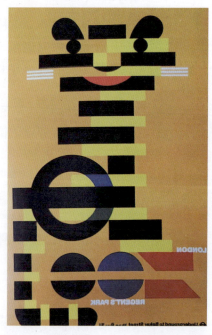

图2-3 海报设计（1） Bela Frank　　　　图2-4 海报设计（2） 艾布拉姆·盖姆斯

在平面设计中，造型形象的构成要素很多，既有抽象的语言要素，也有具象的语言要素，广泛而多样。所谓抽象，有具象的抽象和抽象的抽象。按照黑格尔的说法，抽象意味着从一个对象中抽取出它与意识的一切联系，抽取了一切感觉印象以及一切特定的思想后所剩下的东西，所以抽象艺术作为"形而上的"艺术形式，存在于艺术理论与实践活动中。抽象艺术的创始人之一蒙德里安曾经在他的《造型艺术和纯粹造型艺术》中，阐述抽象艺术带有普遍性的特点，其本质是能够在时间流逝中保持恒常不变的东西，并非艺术中个别的东西。康定斯基也在《论艺术的精神》以及《点·线·面》中宣扬抽象艺术思想理论，并且系统地阐释了对艺术要素的认识。他对每一种造型要素都作出了研究分析，并且将其理论运用于包豪斯学院的教学实践之中。

2.1.2 平面构成的造型基本要素

2.1.2.1 点

（1）点的概念

"点，黑也"，《说文》中曾把点解释为细小的黑色斑痕。平面构成中则把点作为具有空间位置和形态的最小视觉单位，并有着形态各异、方圆参差的变换。点有一定的相对性，还具有大小、形状、肌理、色彩等造型特征和各自的情感象征。在二维空间中，点与其他造型要素相比，虽是最小的视觉元素，但它的地位是其他要素所不能取代的。点的不同形状与排列组合能够产生不同的视觉心理感受。点的构成与设计造型的塑造有着实质的关联（图2-5～图2-8）。在运用点的构成设计的标志设计作品中，点在造型中具有特殊的、丰富的审美意义。

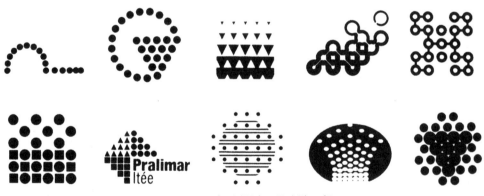

图2-5　标志设计　桑山弥三郎

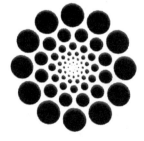

图2-6　点由大到小的秩序排列　桑山弥三郎

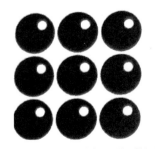

图2-7　点的等间隔排列构成　桑山弥三郎

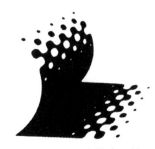

图2-8　点的虚面性　桑山弥三郎

（2）点的形状

① 规则形点　规则形点有圆点、方点、三角点、五角点、梯形点、多边点等规则几何形态，特点是严谨精巧。圆点最具点的特征，点越小、越圆，点的感觉就越强。超过一定比例的点，在视觉上会转化为其他形态元素，也会独立为面。

② 非规则形点　非规则形点是指外边缘呈不规则状的点，特征是具有一定的随意性。如洒落的墨滴，活泼、随意而生动。

（3）点的构成与视觉感受

① 单点构成　单点对视觉具有相对的定位性，点具有集中、吸引视线的视觉感。点居画面中央，有静态感，产生较强的向心力；点偏离中心位置，则产生动感和不稳定感。

② 多点的秩序排列构成　多点的秩序排列构成在设计中最为常用。多点有秩序地按一定方向进行有规律的连续排列，给人的视觉留下一种由点的移动而产生的线化感觉；点由大到小的秩序排列，通过变化间距能够产生远近的空间透视感。点的等间隔排列构成具有一定的秩序感，整齐稳定，集合产生"面"化的感觉。

③ 点的散点排列构成　点的散点排列构成是设计造型中自由多变的组织形式。散乱的点排列容易涣散人的视线，但又能够活跃气氛，具有一定的虚面性，而将大量的散点排列进行一定的形式组织则能够更加汇聚人的视线，产生丰富的层次性，散发一定的生机感。

（4）点构成与设计

点构成在平面设计和空间组织中以它的独特视知觉元素特征形成不同的结构形式。点在视觉中具有一定的相对性。设计中的点一般是运用视觉对象与周围环境比较的对比概念来实现其导向特点，点的运用具有不同的视觉导向和点缀效果。点有虚点和实点，点的不同肌理、不同边缘轮廓在设计中具有丰富的装饰效果，对平面和空间效果具有一定的点缀性。设计中的点由于环境与位置的影响，还会产生点的错觉，如同样大小的点，黑色点易产生收缩感，白色点则有膨胀感；被大点包围的点感觉比被小点包围的点小等错觉。设计中的点由于其不同的排列组合产生不同的整体形态，装饰点缀设计内容，同时具有平衡画面效果、凸显设计中心等传递信息和审美价值的作用（图2-9～图2-16）。

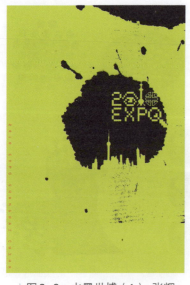

图2-9　水墨世博（1）　张辉

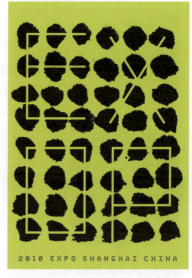

图2-10　水墨世博（2）　张辉

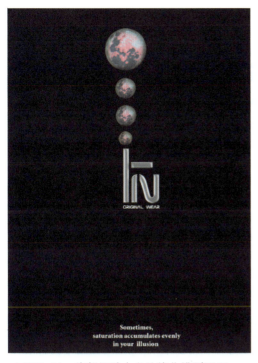

图2-11 海报设计中点的线化排列运用

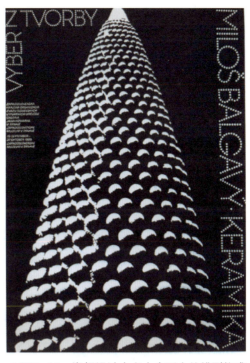

图2-12 海报设计中点由大到小的排列构成

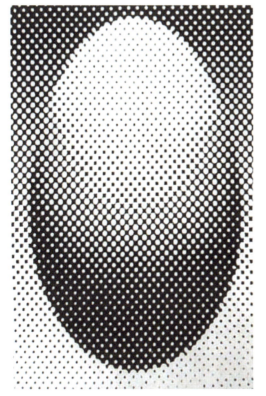

图2-13 点的大小、疏密变化形成立体感

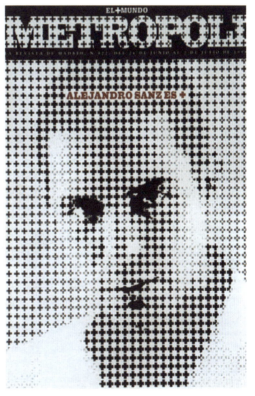

图2-14 点的虚面性设计运用

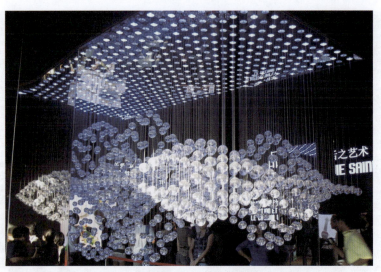

图2-15 环境设计中点的秩序排列构成

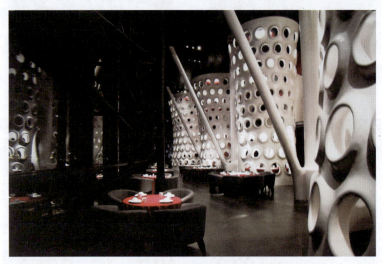

图2-16 深圳蜂巢餐厅中点形态的运用

2.1.2.2 线

（1）线的概念

线在几何学上指一个点任意移动所构成的图形，也就是说，线是点的运动轨迹所形成的线性形态。线具有长度、方向、粗细等变化，是设计造型和构成形态中最重要的要素和表现语言。在平面设计中，线的宽度、粗细、虚实、肌理不同，给人的心理感受也不同。设计中可悉心运用体会，以表达不同的设计思想。

（2）线的形状与视觉感受

直线与曲线是线的两大基本形状，这两大基本形状可派生出来几乎所有线的形状，并可围合构成各种形状的图形，是物体抽象化表现的有力手段。

① 直线　直线具有平静、力量、坚定的阳刚之美。阿恩海姆在《艺术与视知觉》中曾说："直线式样实际上是由成年人创造出来的，这主要是因为，这种式样在建筑中有着

力学上的优越性和时间上的简化性。"直线可分为垂直线、水平线和斜线。直线的方向不同,情感色彩也不相同。垂直线庄重,肃穆,向上;水平线平稳,宁静,开阔;斜线构成具有动势、不安、倾斜、速度、活力的特征;折线却使人感觉律动、紧张、焦躁、危险。因此,无论在设计符号运用中,还是在造型构图中,设计师都会以此增加形式的情愫含义。

② 曲线 曲线形态与直线截然不同,曲线具有柔和、弹性、运动的阴柔之美。曲线又有几何曲线和自由曲线之分,几何曲线典雅规整,柔美丰满,跳跃律动,秩序匀称;自由曲线更为流动圆润,温和流畅,柔软飘逸,轻快自由。

(3)线的构成组织与设计应用

① 单线具有分割面的特性,又能够勾勒刻画形成各种设计形象。

② 双线构成多以粗壮的线为主,细弱的线为辅。粗线坚实有力、敦厚稳重,深沉而又厚重;细线纤巧精致、轻快敏锐,又具有速度感。实线锐利明晰,虚线丰富闪动。粗细不同的线产生视觉的空间距离效果,粗线粗壮有力,具有跃然前凸之感;细线相比而言则有远及距离后退感。

③ 多线构成运用不同长短、粗细、曲直、深浅的线排列,会产生较为强烈的空间感、起伏感、肌理质感,增加平面的层次性(图2-17)。

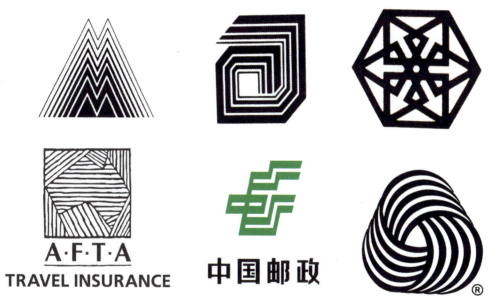

图2-17 标志设计中线的构成组织

对于线的认识,英国画家和美学家荷加斯曾说:"一切直线只是在长度上有所不同,因而装饰性最少。曲线,由于互相之间的曲度和长度都有所不同,因而具有装饰性。直线与曲线结合,形成复杂的线条,比单纯的曲线更多样,因此也更有装饰性。……最后,蛇形线灵活生动,同时朝着不同的方向旋绕,能使眼睛得到满足,引导眼睛追逐其无限的多样性。"中国传统绘画中也有以线造型之说,根据线的形态以及笔法特点分为"十八描",借助于线的形态差异表现不同的物象。

可见,线的综合运用在设计与造型中即具备一定的轮廓造型的功能性,其不同的排列组合方式又能够产生无限的装饰性,以表现丰富多样的设计内涵(图2-18～图2-24)。

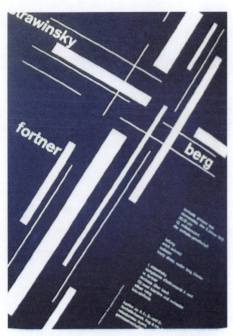
图2-18 以粗细斜线构成的海报设计 穆勒·布勒克曼

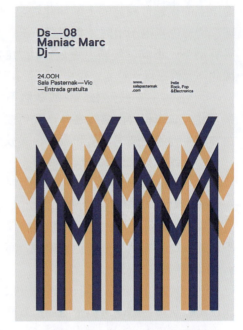
图2-19 多线交叉的平面设计

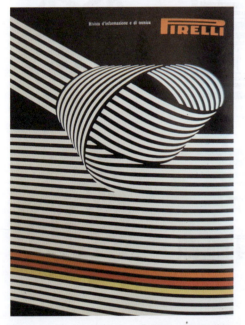
图2-20 杂志封面设计 弗朗哥·格里尼亚尼

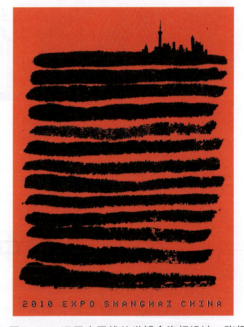
图2-21 运用水平线的世博会海报设计 张辉

2.1.2.3 面

（1）面的概念

面在几何学上指线移动所生成的形迹。点或线作一定的密集组合或适度扩张都可以形成面，由此面便有了一定的范围感和区域性。几何学上的面具有一定的位置、方向、长度和宽度，却是没有厚度的形，如平面与曲面，它们都是造型重要的设计元素。在平面造型中，我们常常借助不同方向和大小的线和面塑造形体，运用不同形态的面的围合形成厚实的具有三维空间感的体,因此使之有了视知觉的厚度感和立体感,同时也强化了二维的空间感和体量感(图2-25、图2-26)。

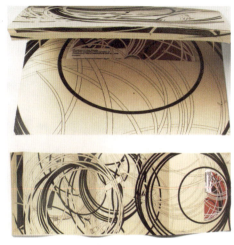

图2-22 几何曲线构成的包装设计造型

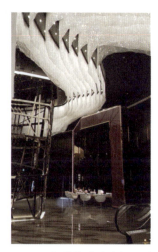

图2-23 折线构成的空间设计造型

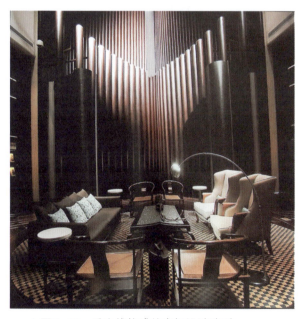

图2-24 垂直线构成的空间设计造型

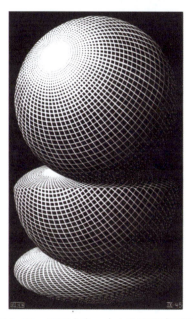

图2-25 不同方向、大小的面形成三维空间感的体

(2)面的形状及特点

面有长有宽,有平有曲,长、宽、平、曲使面具有了各种形态、面积。根据面在造型中的相对性,面又有实面和虚面之分。实面是能够明显看到的有明确形状的面,虚面则与实面相辅相成,不明确但又能使人产生一定的视觉感受,是具有隐性形状的面。面的虚实对比能够在视觉上造成丰富的远近感和层次感,以虚衬实,使二者交相辉映。图形中的图底反转便是借助于虚面映衬实面。通常我们根据面的形态特征可把面分为具象形和抽象形,根据面的形状又可把面分为偶然形和几何形。

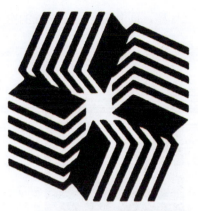

图 2-26 标志设计中运用实面与虚面形成体量感

① 具象形 具象形是指我们能够用语言描绘名称的具象形态,可以理解为是由形象自身的结构、形状、肌理等生命形态所体现出的具体图形。平面具象形通常是按照一定的形式美规律归纳、提炼形成的具有装饰特征的有机形(图2-27)。

② 偶然形 偶然形是带有一定的偶发性,在设计中是以不同材料和技法偶然、意外获得的生动自然的抽象形,具有不可重复性和天然成趣的视觉形态效果(图2-28)。

③ 几何形 几何形是对有机形的提炼概括,常常以简洁、抽象的形象呈现,如方形、圆形、三角形、梯形、平行四边形等,它体现了人的视觉概括能力,单纯,规整,有秩序,可谓是最基本的设计形。几何形以其抽象性及规整性被广泛运用于设计中,抽象设计造型便是以几何形为设计前提(图2-29)。

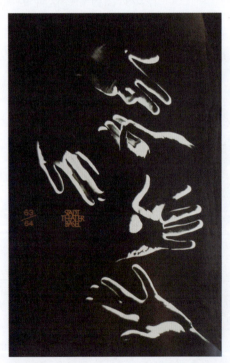
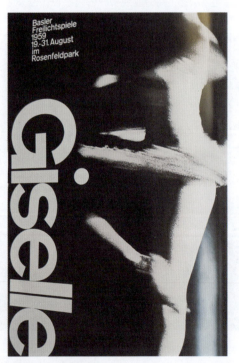

图 2-27 海报设计 阿明·霍夫曼

(3) 面的造型意义

面通过不同的形态占据着设计造型中的一定面积,并通过不同明暗、虚实、肌理、色彩在二维空间中塑造着三维立体的空间效果。设计造型中的面大多是有限范围的面,具有一定的充实感和稳定性,面不仅在招贴海报中大量使用,而且建筑中不同方向的立面、展览会的展板、家具的面板以及室内空间的各个界面,都成为设计中有力的造型手段。不同面的组织为设计造型提供了更多的可能性。

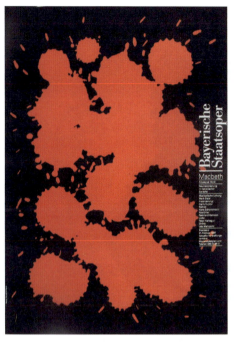
图2-28 音乐会海报 皮埃尔·曼德尔

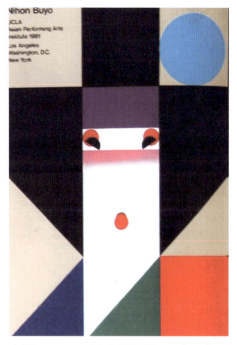
图2-29 日本舞蹈巡回展 田中一光

2.1.2.4 点、线、面综合构成与设计应用

点、线、面作为造型语言的基本要素,在设计中扮演着不同的角色,承载着设计师的思想和理念,以不同形态组织赋予形以特定的审美价值和意义。在平面设计中,点、线、面三者兼容并蓄、交汇融通,以抽象的视觉语言合奏出不同的优美旋律,它超越了艺术的具象极限,以无限的抽象语言传递着不同的意念,以美的形式表达着形态符号的特有文化特征(图2-30～图2-39)。

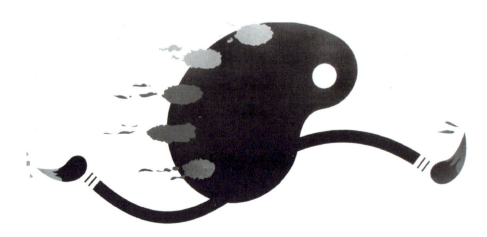
图2-30 点、线、面综合构成

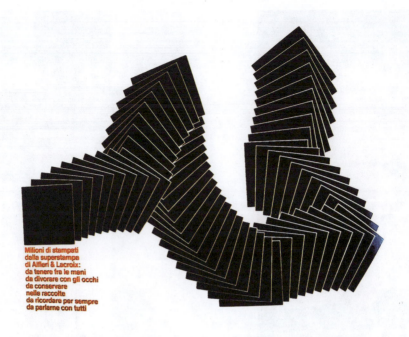

图2-31 广告设计 弗朗哥·格里尼亚尼

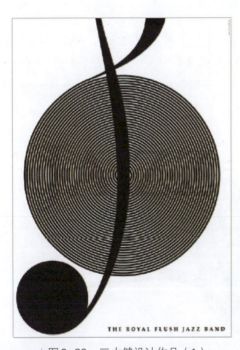

图2-32 三木健设计作品（1）

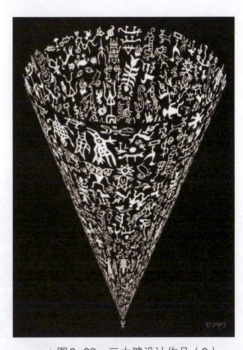

图2-33 三木健设计作品（2）

因此，点、线、面作为造型要素中最基础的本质元素，能够演变拓展为无限自由的带有个体创意的设计形象，它具有抽象的存在于造型设计中的普遍意义，正如德国哲学家威廉·沃林格所说"抽象艺术将客观物象从其变化无常的偶然中解放出来，用抽象的形式使其具有永久的魅力"。在平面构成练习中，点、线、面等作为基本的抽象概念元素组织构形,探索它们由于大小、形状、色彩、肌理的视觉差异和方向、空间、位置、重心的排列关系等形式与内容,寻求各元素隐喻的内涵价值和实用功能,成为艺术造型和设计构成中的重要研究内容。

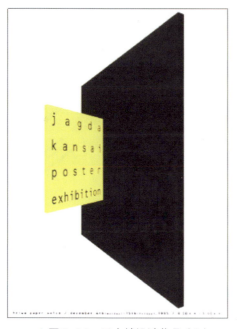 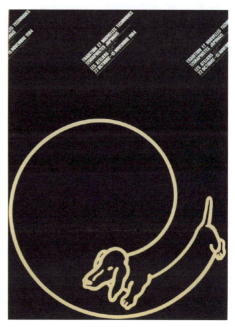

图2-34　三木健设计作品(3)　　　图2-35　三木健设计作品(4)

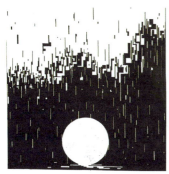 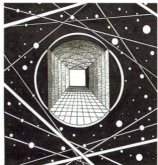 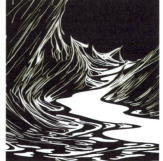

图2-36　日记解码点、线、面　李志盛　郭珊珊　柳俊屹

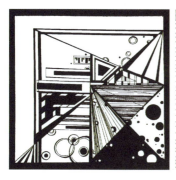 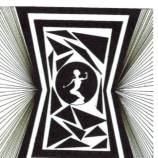 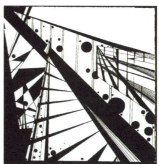

图2-37　点、线、面构成　孙瑞南

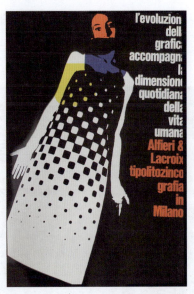
图2-38 海报设计 弗朗哥·格里尼亚尼

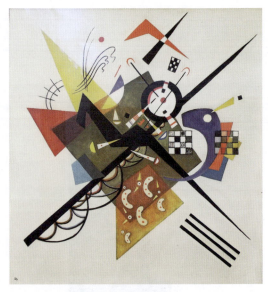
图2-39 康定斯基作品

2.2 平面构成的形态与图形创意

2.2.1 形与形态构成

平面设计中创造的抽象、具象与意象形象是设计语言的核心要素。平面设计造型中的形，通常是指那些经过概括、提炼、美化了的形象，具有艺术化的特点。平面构成的形与形态的创造包括基本形的创造、装饰图形的创造和设计图形的创造。

"形态"指形状神态、形状姿态和事物的形状或表现，又指事物在一定条件下的表现形式。汉语言文学中的"千姿百态、形态各异"等词都是对事物的形状姿态的描绘。现实生活中的同类物象，也有着各自不同的造型特征，例如同为植物叶子，按叶柄上叶的数量有单叶和复叶之分，按叶序的排列方式有互生叶、对生叶、轮生叶、螺旋状着生叶、簇生叶等，按叶的形状有针形、鳞形、锥形、菱形、条形、三角形、心形、扇形、卵形、圆形、椭圆形、刺形等，按其分裂的方式还可以分为掌状分裂和羽状分裂等，它们共同组成了自然界的千万种形态，也成为我们设计与创作的基本素材。在设计表现中，形态语言与图形设计能够成为创意的工具，也是设计中最吸引目光的视觉元素。因此设计者无论在广告、标志、书籍装帧设计中，还是在产品包装设计中，都是通过不同形态的图形而体现各自的创意思想。这些图形和形象的设计往往是通过对自然形态、具象形态和抽象形态的联想创造而衍生出来的新形态（图2-40）。

（1）自然形态

自然形态指在自然生态环境中形成的各种可视或可触摸的实体形态。它不以人的意志为转移，如高山、峻岭、植物、动物、瀑布、溪流等。这些存在着的不同表现形式的物象形态便成为设计创意中的可视图形形象，也是人类创造的源泉。"鸟巢"是2008年北京奥运会主体育场，整个体育场结构的组件相互支撑，形成网格状的构架，外观看上去就仿若树枝织成的鸟巢自然形态。

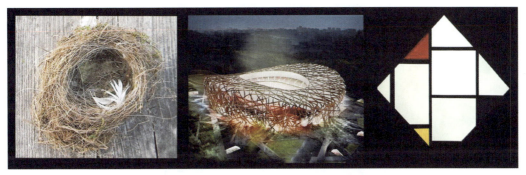

图2-40　自然形态、人工形态、抽象形态

（2）人工形态

人工形态是指人类在文明发展过程中，为了满足人的物质及文化需要，在生产和实践中有意识地从事视觉形象要素和造型组合的构成形态，印证着人类的文明与进步。人工形态根据造型特征可分为具象形态与抽象形态。

① 具象形态是依照客观物象的本来面貌和构造而创造的写实形态，其形态特征与实际形态相近，具有反映物象的细节真实和本质真实的典型表现方式，对具体形象有相应的还原特征，这在许多手工业制品和设计造型中都有体现。

② 抽象形态的创造是人类主观的"本质"观念符号创造。符号化与几何化使人无法直接辨清原始的形象及意义，但由此衍生出具有单纯特点的抽象形体与形态。在艺术流派中，抽象艺术是相对于具象艺术而言的。人工抽象形态中的抽象在拉丁语中是"抽取""剔除"的意思。在英语中，抽象还有"本质""实质"的词义。19世纪的抽象主义艺术曾以纯形式的点、线、面以及色彩语言、几何形态来表现事物的本质属性和自我情感。其代表人物康定斯基的"热抽象"和蒙德里安的"冷抽象"的创造便运用了抽象形态这种形式语言，赋予我们更多的想象与激情。

（3）数码形态

随着信息化技术的高速发展，宇宙万物都可以通过计算机图式唤起对自然、未来、宇宙空间的视觉观赏，通过计算机展现出的物质的、非物质的、现实的、梦幻的各种数字化场景，既包含着自然形态的有生长功能的有机形态和相对静止、不具备生长机能的无机形态，又包含有非人的意志可以控制结果的"偶然形态"及"不规则形"。数码形态能够创造出融自然、人工、具象、抽象于一体的视觉图式形态。通过数码制造的千姿万态的新形象，传递出舒畅、和谐、自然、古朴、特殊、抒情、活泼甚至恐怖、眩晕的各种视知觉和多样心理感觉，是现代科技对形态语言的高度完善（图2-41）。

2.2.2　形与形态的造型方法

平面构成的形态与图形造型方法各异，形式多样。形态是构成图形的必要元素，其塑造手法丰富，在此列举几种常用的手绘造型表现形式。

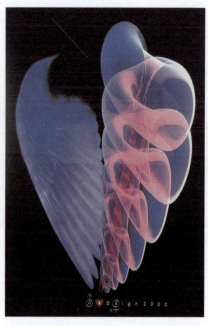

图2-41　海报　胜井三雄

（1）写实手法与表现法

写实手法是对物象进行基本的如实描绘，它主张通过细密观察和表现事物的外表，以达到对物象主要特征的真实塑造。写实手法在构形中主要通过表现物象的形态、结构关系，并运用色彩、肌理等多种视觉语汇表达事物的形象本质特征，通常采用采集写生和设计来完成一定的形象塑造（图2-42、图2-43）。

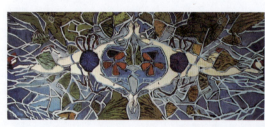 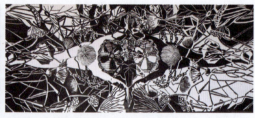

图2-42　线描与彩绘　李嘉欣

① 线描法　线描法是写实手法和装饰手法中的常用方法，可方便快捷地运用线条勾勒物象的轮廓造型和神态结构特征，并注重采用粗细、长短、浓淡、疏密、枯润的线形变换来表现物象的材质肌理和美感特征。线描法的使用过程中要特别注重对线条的穿插与疏密组织，以达到"以线造型""以形写神"的造型目的。

② 彩绘法　彩绘法是具有装饰性表现的一种方法，一般先用线描法将物象描绘下来，在此基础上再根据具体物象色彩特征用淡彩分层罩染、点绘、渲染等，完成对写实对象的色彩塑造。手绘工具可用水彩、水粉、彩色铅笔、马克笔等。

③ 影绘法　影绘法是在用简练的线条画出物象的轮廓线后，以色调、光影概括影形，形成色调丰富、秩序井然、影像鲜明的形象效果。它常常运用不同层次的深色或黑色平涂成片，概括出平面的影形，强而有力地抓取复杂多样的事物的形态特征，以影绘写实塑造物象，具有极强的概括力，是装饰造型的重要表现方法之一。

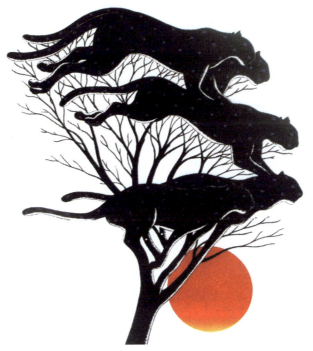

图2-43 自然能去何方 影绘法

（2）形态装饰手法与形变法

① 提炼与简化 提炼与简化是装饰造型常用的方法和手段，它是一种提炼过程，因此也称提炼法、概括法或省略法。它并非把对象的所有形态和色彩描绘下来，而是在保持原形主要特征的前提下，通过归纳、概括、省略，使物象主体特征或局部形象更典型、更单纯、更精美、更传神，以达到装饰形态精练突出、以简胜繁的效果，是装饰形态艺术的再创造。

② 夸张与变形 夸张与变形就是将自然形中最经典、最具代表性部分根据作者主观创造，加以适度的夸张、变形，以反常规、反比例的艺术处理来达到主题鲜明、感染力强、完美生动、形神兼备的审美效果。夸张运用可以通过局部夸张、整体夸张和透视夸张等形式来突出强调形与神的美感。变形是通过对形态结构拉伸或压缩、错位与组合等方法，改变客观对象的常态外貌，以变换出更具有感染力的艺术形象的方法。

设计造型中，提炼与简化、夸张与变形常常密不可分，例如，毕加索的牛的变形便是对设计形态装饰手法的运用的综合体现（图2-44）。

③ 几何与逻辑 几何法是抽象形式美的最直接的表达方式，也是形态装饰手法最普遍的运用形式。它抓住物象的本质特征与造型要素，根据创意需要把物象处理成几何形，如圆形、方形、三角形、弧线形等，设计时按照一定的逻辑关系由大到小、由疏到密地加以组织，是设计抽象语言在形态装饰手法中的具体应用（图2-45、图2-46）。

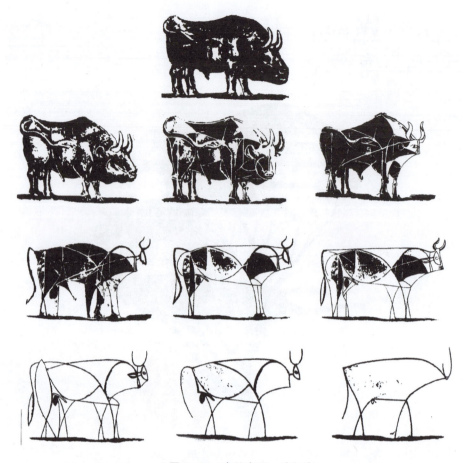

图2-44 牛的变形 毕加索

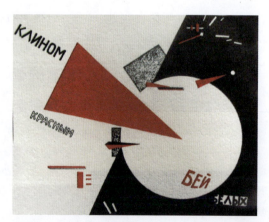

图2-45 用红色楔子打击白军 埃尔·利息茨基

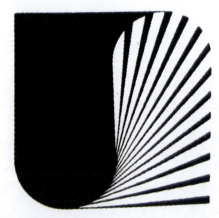

图2-46 标志设计中的几何与逻辑

④ 巧合与加工 巧合法是一种巧妙的图形组合方法,以其戏剧性、集中、强烈的组构特征,增加形象的可读性和审美魅力。古人云"无巧不成书",中国传统图案中的"三兔""三鱼"等的精彩的艺术表现,以及西方绘画大师埃舍尔的艺术作品,就是大量地运用了巧合与加工的图形装饰手法。巧合的图形处理往往是通过设计的形象巧妙地共用同一条轮廓线或局部的形来完成的,既有一定的偶然性,又充分发挥了设计者的想象力和创造

力（图2-47、图2-48）。

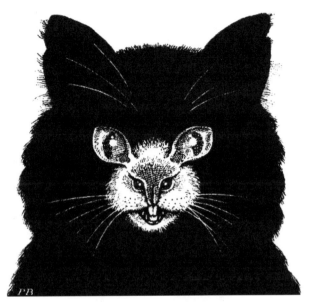

图2-47　巧合与加工（1）

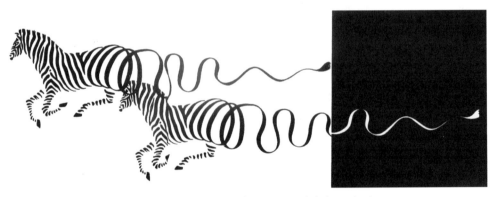

图2-48　斑马　舟桥全二　巧合与加工（2）

⑤ 分解与组合　分解与组合法是把多种物象分解、拆分，再把具有美感的局部经过移位、错位、翻转、黏合、交错、反复、转换、旋转等手法重新合并、叠加组合，按照一定的形式规律和设计审美，构成一个全新的图形形象的过程。形象的分解与组合具有解构的含义，通过将与主题相关的素材进行分解、离散，也就是把整体形象进行拆分重构，切入内在系统关系和本质进行研究，然后选择其中最具代表性的元素以及最生动的造型进行整合，以具体的视觉形态语言来传递一种完整的概念。物象通过解构，获得多种不同的表现素材，得到意想不到的表现效果。

分解与组合在设计中具有广泛的应用价值，如中国传统纹样中的龙凤形象就是对动物分解重构的结果。设计内容中，小到珠宝首饰的设计分解与后期加工，大到建筑设计与重构，都在设计过程中通过分解与组合阐释信息内容最佳的视觉表达形式，创造出熔铸着设计者思维与情感的新形象（图2-49）。

⑥ 添加与求全　添加与求全是一种理想的装饰形态造型手法。添加是根据图形和创

意需要，在一定的空间范围内，适当添加一定的具有典型特征的纹样、形态、符号、文字等内容，如设计中的加点、加线、加投影、加浓淡层次、加抽象或具象形态等，或图形处理中的叶中套叶、花中套花、花中套叶等，赋予形象以新的生命，更加完整地展现图形美感。求全则更加不受客观自然的局限，不同时间或不同空间的、不同类别的物象都能够相组合，给人以完整和美满、充盈而丰富的艺术享受。添加与求全能够充实和美化图形形象，达到构图饱满、变化丰富、主题鲜明、装饰性强的视觉审美效果（图2-50）。

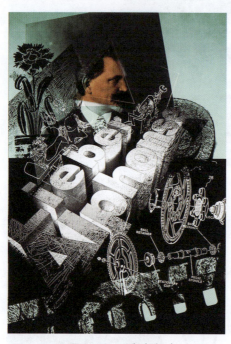 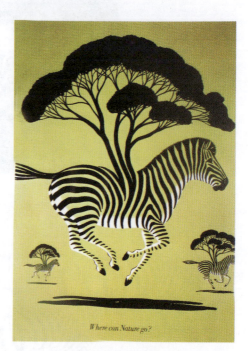

图2-49 分解与组合　　　　　　　　图2-50 自然能去何方 添加与求全

⑦ 替代与借代　替代与借代是在图形立意与形态表现中，不直接说明要说的内容，而是通过"代替"说明的一种图形修饰手法。替代图形是指一个图形的局部被其他图形替换的情况，有时还借用其他形态以丰富和表现本图形，本体与借体之间最好要有一定的关系或形状上的相近性。常规形象的部分替代与借代组合，能够产生一种具有新意的、奇特的图形效果，甚至会产生荒诞的感觉，替代图形恰恰就要利用这种荒诞和奇特造成出人意料的震惊效果。平面广告设计图形中常常运用这种手法，意在加强人们对事物深层意义的记忆和理解（图2-51）。

2.2.3　形态创意思维方法与主题表现

形态创意思维与视觉传达有着割舍不断的联系，形态创造并不是孤立的，它将运用于各种以人为主体的实用设计中。形态创意与主题表现有着相互的关联，创造新意寻求独具匠心、清晰明朗的图形符号和设计形态，成为设计思维的先导。设计师往往通过自己的独特语言与思想展现设计意图，运用联想、象征、比拟等外化的视觉图形表现相应的设计主题。

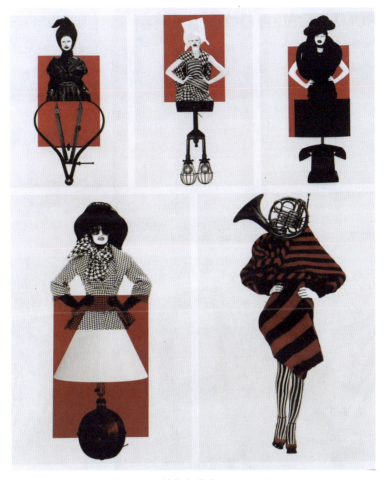

图2-51　替代与借代　Artem Rulev

（1）设计形态创造与联想

联想，是创意的关键，是形成设计思维、完成图形创意的基础。形态的创造常常是首先通过大脑想象打开创意思维的通道，使无形的思想向有形的图像转化，设计出包含个性思维的新形象。如2008年北京奥运会的标志设计（图1-2）便是通过对中国五千年丰富文化历史的联想实现的，它将中国传统的印章和书法等艺术形式与运动特征结合起来，以印章表达诚信，以形似篆书的"京"字夸张变形，幻化成一个向前奔跑、舞动着迎接胜利的运动人形，同时表达出中国文化历史的悠久和北京欢迎八方宾客的热情与真诚，又将汉代竹简文字的风格和韵味有机地融入"Beijing 2008"字体之中，使会徽图形和奥运五环浑然一体。由此可见，设计形态创造与联想有着割舍不断的关系，我们可通过形的联想，或转换材料质感，运用符号、文字、其他特定物象等桥梁，展开相似性联想和连带性联想（图2-52）。

联想法的视觉形象创造能够把相距遥远的事物连接起来，通过联想，可以开拓创意思维的新天地，找出表面上毫无关系的事物之间的内在关联性，使之交融碰撞，以包含思想的深层形象思维转换为可视化的视觉语言符号，以图式设计形态让观者领悟形式与心灵交汇的设计内涵，以丰富的联想赋予相同主题不同的图式内容，取得独具新意的视觉效果（图2-53）。

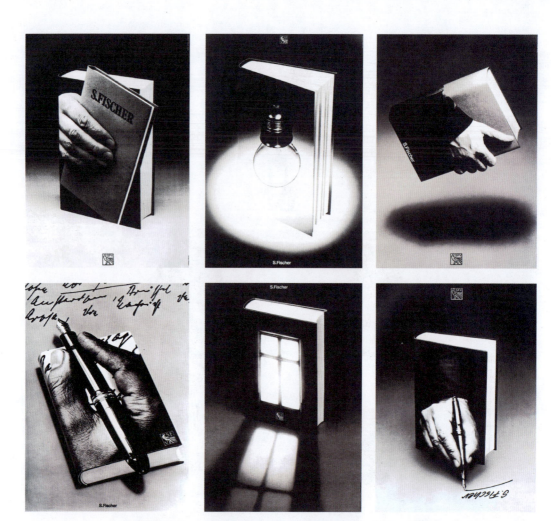

图2-52 以书为载体的联想设计系列作品 岗特·兰堡

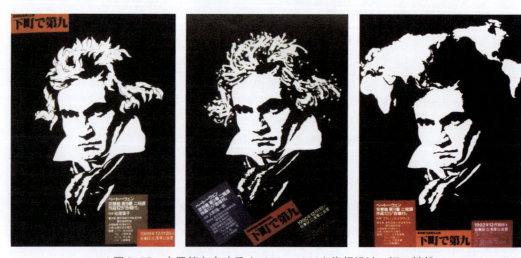

图2-53 市民第九交响乐（1989—1992）海报设计 福田繁雄

（2）象征寓意法与主题表现

象征寓意法是通过对具体事物及形象加以类比，借物托意，用来表达对某种事物的赞美与祝愿，以具体实在的形象比喻某种抽象的情感意念。运用图形符号来表示某种抽象概念和某种具有特别意义的具体事物由来已久，例如，西方用鸽子和橄榄枝的组合象征和平；中国的龙纹象征着皇权的至高无上，表达着特定的意义。在中国传统纹样设计中，松鹤延年、三羊（阳）开泰、年年有鱼（余）、一鹭（路）平安、龙凤呈祥、麒麟送子等吉祥图形，都是采用象征寓意的手法以表达主题情怀。现代设计中，广告、标志、品牌设计等也经常运用象征寓意法表现立意思想与设计理念。

（3）比拟的意象创造性思维

比拟分为拟人和拟物。拟人就是把动物、植物等物的本体当作人来表现，把物与人进行形象、性格、表情、神态、心理、情感的融合，给物注入鲜活的生命，表现出人的思想性格特征，使其活泼生动、生机勃勃，如同文学中童话、寓言的书写。拟物则是把人当作事物来表现，以物寓人，涌发出一定的亲切感和幽默性。以比拟的意象创造性思维和丰富的想象力创造出的图形形象和抽象形态，具有人格化的象征意义。

（4）精神的可视化视觉转换

形态创意中的视觉力是艺术形式与艺术情感的直接作用引起的关于力的心理对应。创意思维中运用心理情感与视觉形态的交互影响，引发视觉快感和深度记忆。如借助于幽默化图形形态处理，给人以身心放松与愉悦感；借助于新奇悬念，增加人对图形形态的好奇心与探索欲望；借助于亲情、友情、爱情的情感表述，增强图形形态与观者的亲和力。故此，精神的可视化视觉转换是增强形态创意思维和主题表现的内在磁力（图2-54、图2-55）。

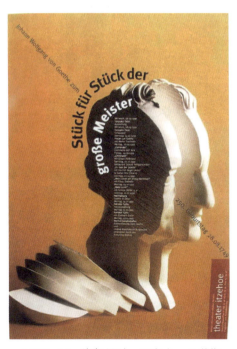 图2-54　海报设计　霍尔戈·马蒂斯

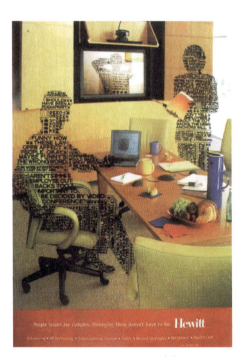 图2-55　平面设计作品

（5）电脑技术的再思维创造

随着社会的迅速发展，新工艺、新材料、新技术在不断涌现，尤其是电脑在艺术设计

领域中的应用,为图形表现拓展了更大的空间。视觉图形的表现技法也由于电脑的使用而更加丰富多彩。电脑技术与图形软件的应用解决了人工手绘方法的局限性,发挥出计算机绘图准确、方便、快捷、易于修改的特点,并便于保存与复制,还能够表现各种视觉效果,在不断地尝试与操作中完成思维的多元化创造(图2-56)。

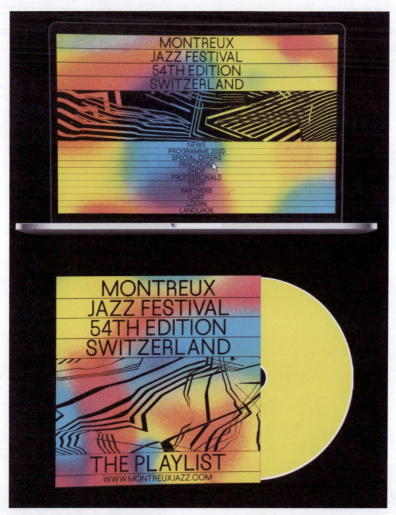

图2-56　蒙特勒爵士节　Daytona Mess,Anne-Dauphine

2.2.4　变换基本形以丰富形象的多元创造

(1)创造基本单元形

平面构成中的基本形是图形创意和形态造型形式中的最小设计单位,就像生物的细胞,以其排列组合形成了生物的新物种,展现出不同的特征和功能。以基本形作构成的或自由或规则的组合排列,能够产生丰富多样的"形态融合",因此,创造出单纯、简练的基本单元形,是构成统一秩序和丰富的复合形象的必要内容。

(2)变换形与形的组合关系

运用基本形进行新形态创造时,通过视觉形态元素的不同组合,能够衍生出更丰富的图形内容。平面构成中，以形态的组合关系构成了形与形的有规律的不同组构方式，并以此丰富拓展了重构新形态的造型手段（图2-57）。

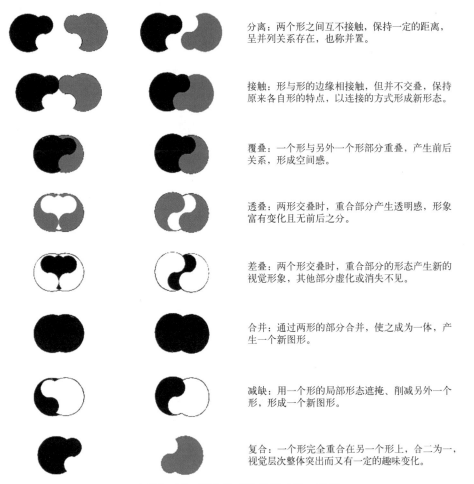

分离：两个形之间互不接触，保持一定的距离，呈并列关系存在，也称并置。

接触：形与形的边缘相接触，但并不交叠，保持原来各自形的特点，以连接的方式形成新形态。

覆叠：一个形与另外一个形部分重叠，产生前后关系，形成空间感。

透叠：两形交叠时，重合部分产生透明感，形象富有变化且无前后之分。

差叠：两个形交叠时，重合部分的形态产生新的视觉形象，其他部分虚化或消失不见。

合并：通过两形的部分合并，使之成为一体，产生一个新图形。

减缺：用一个形的局部形态遮掩、削减另外一个形，形成一个新图形。

复合：一个形完全重合在另一个形上，合二为一，视觉层次整体突出而又有一定的趣味变化。

图2-57　形态构成的八种方法　孙笺

（3）运用正负形转换图底内容

平面设计中"正形"是指可视性强的图形形象，相对而言的图形形象周围的空间便称之为"负形"。"正形"与"负形"可以互相交替，相互转换。例如在设计中把图形形象与底色空间进行黑白互换或色彩互换，对"正形"与"负形"进行倒置，便形成了设计中的图底互换，具有相映成趣的流转特征，如同黑白反转的阴阳太极图，阳中有阴，阴中有阳，图底共存。

图与底是相对而言的，有图则有底。设计中要使形态达到感觉明确显现的效果，便通过底加以衬托。图底空间是通过"图底反转"与互用，达到相互的体现与视觉流动的效果。1915年，丹麦心理学家鲁宾发表的在心理学领域中著名图形作品《鲁宾的花瓶》，就是图底空间的典范之作。由此，图底空间的视觉转换成为设计中常用的方法。在基本形的群化中，为了增加形式的多样性，也常常通过正负形转换图底内容（图2-58～图2-60）。

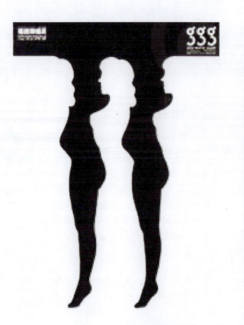
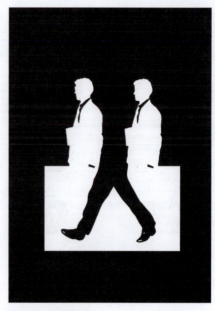

图2-58 运用正负形转换图底内容

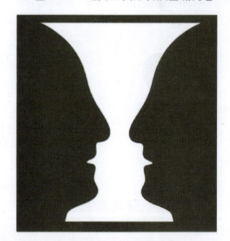

图2-59 鲁宾的花瓶

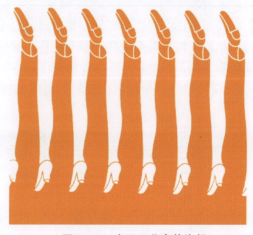

图2-60 京王百货宣传海报

（4）群化基本形构成新形态

基本形的群化构成是一种集团化的形象组合。它以基本形为单位，作上下左右并置、翻转、图底的重复变换，以紧凑、完整、均衡、团化的形象组合来产生新的图形。完整美观的群化构成是标志设计、装帧设计、装饰图案的具体运用，也是重复构成的特殊表现方式。图2-61～图2-63分别运用简单的基本形创造丰富的形式结构内容，为图形创造性思维拓展了一定的模式内容，是进行形态转换与设计的规律性组合方式，可产生出内容多样的视觉效果。

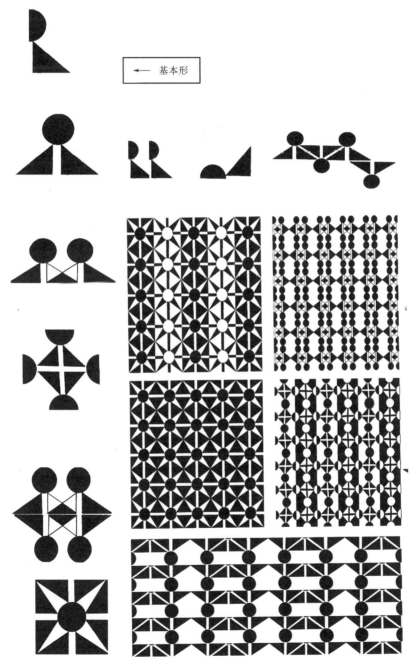

图2-61　基本形与群化构成系列设计（1）　徐资悦　张军

← 基本形

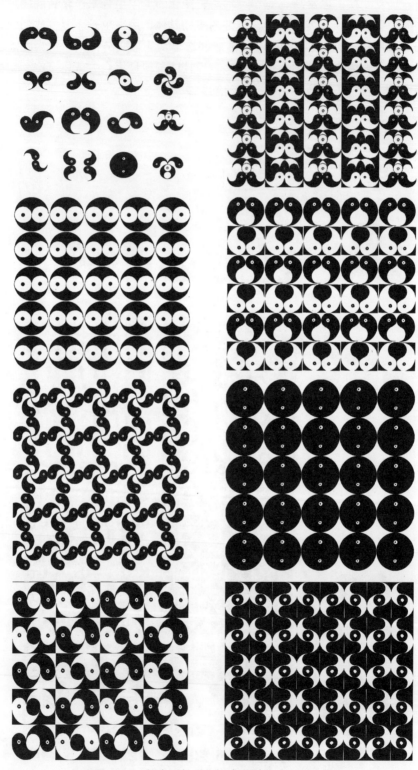

图2-62 基本形与群化构成系列设计（2） 张军

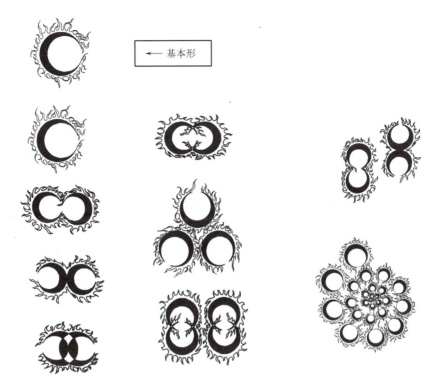

图2-63　基本形与群化构成系列设计（3）　李盈

（5）构成骨骼形搭建平面秩序框架

骨骼是支撑形象的内在主干结构，是构成图形的组织框架和形象的编排秩序，使形象有秩序地在限定的空间里排列，是平面构成的关系元素。骨骼具有分割画面空间及固定基本形位置的作用，并且具有特定的编排和管辖形象的骨骼结构分类造型特征（表2-1）。

表2-1　常见的骨骼分类表

骨骼分类	骨网格线	基本形构成方式	主要形式
规律性骨骼	按严格的骨网格线组成骨骼	基本形按骨骼规律排列	重复、近似、渐变、发射等
非规律性骨骼	没有严格的骨网格线	基本形构成方式自由	对比、密集等
作用性骨骼	显性骨网格线	骨骼给基本形准确的空间，但基本形可以自由改变方向、位置、正负等	渐变、发射等
非作用性骨骼	隐性骨网格线	基本形单位安排在骨骼线的交叉点上，完成后去掉骨骼线	对比、密集、特异等

平面构成的多种组织形式往往是按各种骨骼线及线与线交叉所形成的骨骼点来组织结构关系的。骨骼通常是由骨骼框架、骨骼线、骨骼点构成的骨骼单位组成，例如汉字书写中所用的田字格与米字格，每个田字为一个骨骼单位，有横竖的骨骼线，还有横竖交叉所形成的骨骼点等。设计过程中，既可以保留骨骼线，也允许不全部显现骨骼线，以此形成图形的多样性。图形可以通过在空间中的骨骼获得有序的呈现，具有一定的组织性（图2-64～图2-68）。

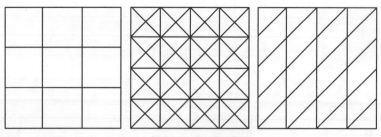

图2-64　骨骼的组成

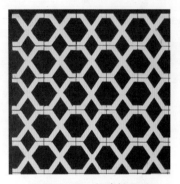

图2-65　规律性骨骼

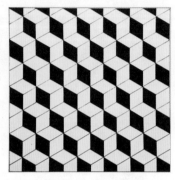

图2-66　作用性骨骼

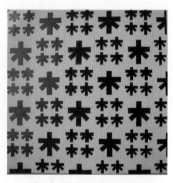

图2-67　非作用性骨骼

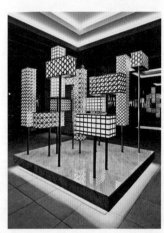

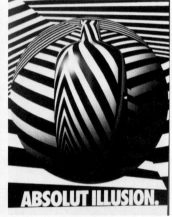

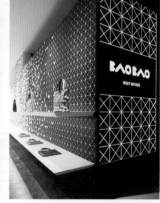

图2-68　骨骼的设计运用

2.2.5　平面图形创意的设计方法

（1）同构图形

同构，指的是两个或两个以上的图形经过想象和思维巧妙地组合在一起，共同构成一个新图形，这个新图形并不是原图形的简单相加，而是一种超越或突变，以形达意，以意决胜，形成强烈的视觉冲击力，给予观者丰富的心理感受。

① 异形同构　异形同构以不同物象形的整合，多层次、多角度地加以联想，将一种物形和另一种物形巧妙结合，彼此相互借用、衬托、依存、反转，从而一语双关地表现设计创意，也可以理解为双关图形或共生图形。在共生同构图形中，物形与物形之间的轮廓

线相互成为对方的一部分，通过一个或多个完整的形象的局部或性质上的变化，使之产生新的形态和含义，运用异形达到对主题含义进行视觉演示的目的（图2-69）。

② 异影同构　异影同构是借用影子投射到背景上的各种可能图形来体现创作意念，以对影子的改变来表情达意，反映事物内部的矛盾关系和本质特征。影子作为想象的着眼点，产生相应的变形、夸张和置换。影子既可以是投影，也可以是镜中影像或水面倒影。当实形代表现象和外表时，异影则反映着本质和因果关系。异影同构以相映成趣的事物的正反两面，将现象与本质等不同元素巧妙地组合在一起（图2-70）。

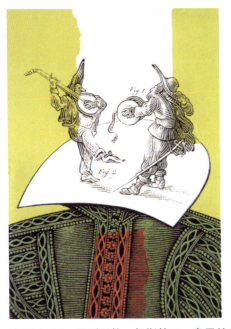

图2-69　异形同构　伊斯特万·奥罗兹

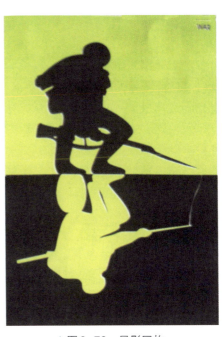

图2-70　异影同构

③ 换置同构　换置同构是按照一定的需要，在保持其物形基本特征的基础上，将原物形素材中的某一部分换为另一种物形素材，或称"张冠李戴"或元素替代，从而产生一种具有新意的、奇特的新图形形象，在看似荒谬的视觉形象中透出一种理性的秩序感和连续性（图2-71）。

（2）减缺图形

图形局部由于被形态遮掩、削减或作隐形处理，形成一定的抽象残缺美，既能突出图形形象的造型特点，又能运用隐形和损害部分，强化好奇心或主题，引发观者的思考和激发充分联想，达到以少胜多、以简胜繁的效果（图2-72）。

（3）拼置图形

拼置图形是指利用各种现成形状的物品或不同的形象素材整合拼出新的图形。拼置图形常常需要借形生意，根据自我认识和理解，发挥多层次、多角度的艺术

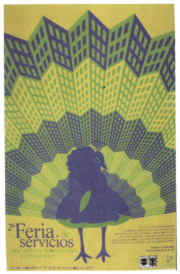

图2-71　建筑世界博览会　雷纳多·阿兰达

想象，对事物进行灵性的挖掘，使其价值和意义在物形之间相互转化，从而达到一种新的整合（图2-73）。

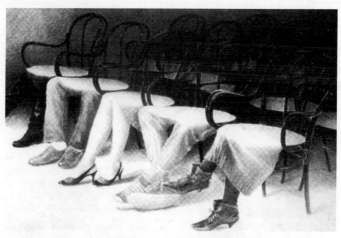

图2-72 减缺图形

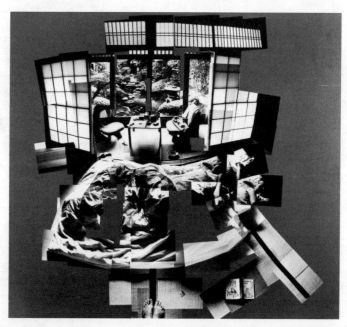

图2-73 拼置图形

（4）文字图形

文字具有独特的形象和符号体系，图形创意中以文字作为创意的主题形象设计非常多见。文字作为装饰内容在壁画器物中已有悠久的历史，古埃及的建筑和壁画有大量的见证，中国的青铜器和陶瓷制品中文字也颇为多见。在平面设计中，汉字图形和字母图形具有设计元素的说理与象征意义，它们通过意象变化来组织造型，把文字的内涵特质、外在构形与视觉化语言相结合，展现出文字图形的独特艺术魅力。福田繁雄作品展《F》海报系列中，其部分作品画面中，以福田名字的首字母"F"为主体，对该字母进行变化。例如以"F"为基本形，把坐着的女孩和奔跑着的动物形象等巧妙布局于其中，使其作品打上福田的符号。福田繁雄作品展《F》系列海报文字图形系列成为他的代表性作品之一（图2-74）。

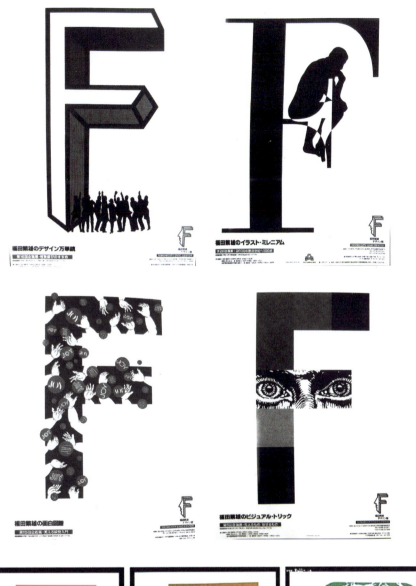
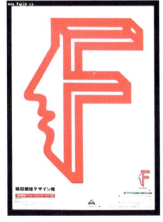
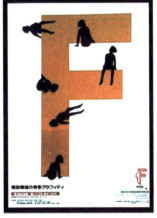
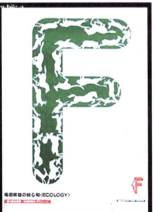

图2-74 福田繁雄作品展《F》系列海报

2.3 平面构成的基本形式与构图

2.3.1 平面构成的基本形式

2.3.1.1 重复构成

2.3.1.1.1 概念

重复是指同样的事物再次出现，在平面构成中是指视觉形象的同一要素或形态连续地、有规律地出现两次以上的反复排列所形成的重复性组合形式。由于形象元素规律性、连续性以及反复性的表现特征，具有秩序化、整齐化的艺术特征，在设计中呈现出和谐统一的视觉效果。

从艺术的发展看，音乐、舞蹈、建筑、工艺美术等所存在的重复规律，与自然宇宙的春夏秋冬、阴阳圆缺周而复始的重复息息相关，都展现出自然与艺术的节奏韵律形式。重复因此成为人类造物中井然有序的表达方式。从房屋建造至家具产品，从生活用品到工艺产品，重复在设计中具有广泛和实际的运用价值（图2-75～图2-80）。

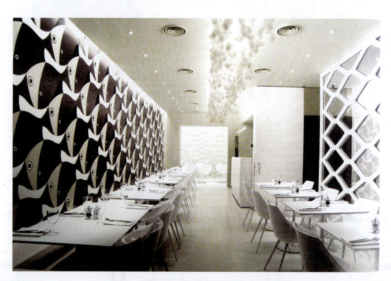

图2-75 室内设计中的基本形重复

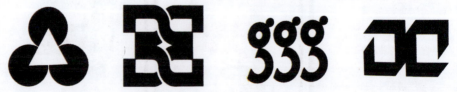

图2-76 标志设计中的基本形重复

2.3.1.1.2 形式与应用

重复构成是设计中最基础的形式，特征是形象或骨骼的连续排列，呈现出统一性的韵律效果，在图形中可以加强对象的视觉记忆。如同文学中的排比句，秩序井然，铿锵有力。

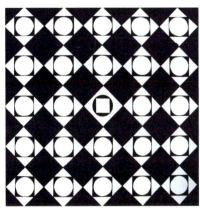

图2-77　骨骼重复构成　李鑫鑫

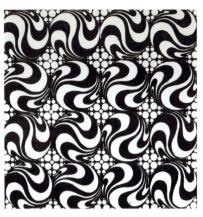

图2-78　基本形重复构成　班晓旭

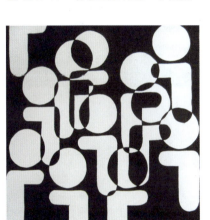

图2-79　基本形方向、角度、正负、
　　　　位置变化的重复构成　刘畅

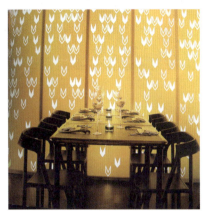

图2-80　室内设计中的重复构成

（1）基本形重复应用

① 连续使用同一基本形，按照一定的秩序排列，可以产生整体构成图形的力度。

② 细密的基本形重复会产生形态肌理的效果。

③ 基本形绝对的重复，因齐一美感而容易显得单调，故可以有方向、角度、正负、位置的变化。

（2）骨骼重复与应用

① 骨骼是构成图形的骨架，在规律性构成中，使图形有秩序地排列。

② 骨骼与单元形不变，单元形变换应用，构成新形式。

③ 骨骼发生宽度、方向、位移、反射、交替、弯折以及无规律的变化，构成重复的新形式。

2.3.1.2　渐变构成

（1）概念

渐变是一种符合自然变化规律的现象，自然界动植物的生长与衰亡都是在逐渐变化的，科学研究也是在历史的长河中逐渐发展的。艺术视觉形象的渐变是源于生活的视觉感受，道路的宽窄、透视的大小都成为平面中有秩序的渐变现象。

渐变构成作为形态的有规律的变化秩序构成，是以基本形或骨骼渐次地、循序渐进地逐步序列化变化。在渐变构成中，基本形和骨骼线的变化非常重要，既不能缺少连贯性，又不能过于重复、累赘，缺乏突变。只有这样才能使画面有节奏感和韵律感，同时在视觉设计中又能产生强烈的透视感和空间感（图2-81～图2-83）。

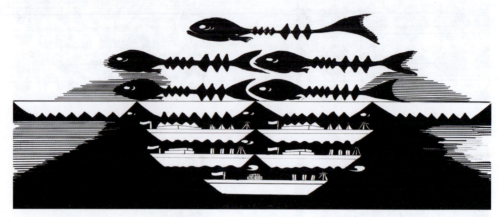

图2-81　基本形与正负渐变　李嘉欣

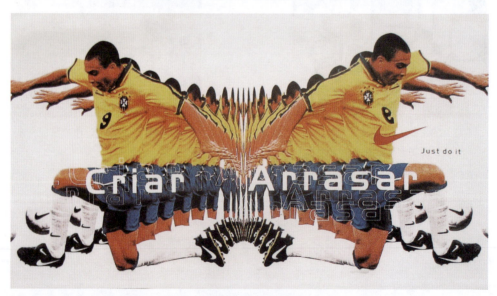

图2-82　单元渐变

（2）基本形的渐变与应用

基本形的渐变有具象渐变和抽象渐变两种形式。通过对基本形进行压缩、削减、位移或两形共用一个边缘等途径，将一个形象逐渐变化为另一个形象，同时也可以把基本形作形象渐变、大小渐变、方向渐变、角度渐变、位置渐变、虚实渐变、色彩渐变等处理，增强形变的空间感、运动感、立体感等视觉效果。

（3）骨骼的渐变与应用

骨骼单位的形状、大小、位置有规律地渐次变化，往往产生令人眩目的效果，可以作单元渐变、双元渐变、增减渐变、联合渐变、等级渐变、折线渐变、正负渐变、分条渐变等。

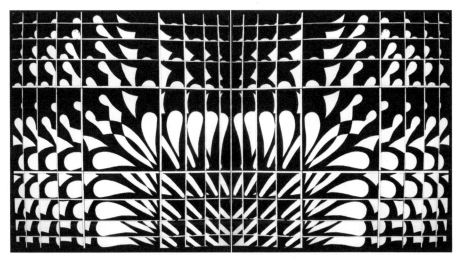

图2-83 双元渐变 张帅

① 单元渐变 单元渐变也叫作一次元渐变,即仅用骨骼的水平线或垂直线作单向序列渐变。

② 双元渐变 也叫作二次元渐变,即将竖的或横的两组骨骼线同时变化,比单元渐变更具有立体感。

③ 增减渐变 形状按照一定的秩序和数量逐渐增加或减少的过程,为增减渐变,其视觉特征是具有一定的速度感或运动感。

④ 联合渐变 将骨骼渐变的几种形式互相合并使用,形成丰富、复杂的联合渐变。

2.3.1.3 近似构成

(1)概念

近似构成是指单位基本形和构成骨骼变化不大或相类似的形象组合。近似是指类似,相像而不相同,但又有着共同的特征。类是很多相似事物的综合,具有一定的共性特征。通常情况下,近似构成在设计中,一般以基本形之间的变换、变形、添加、简化等求得类似的形象,布局在规律性骨骼中,寓"变化"于"统一"之中,这也是近似构成的视觉艺术特征(图2-84、图2-85)。

(2)近似构成形式与应用

① 骨骼近似 骨骼近似是指骨骼单位可以打破严谨的规律骨骼框架,可以适当变化,形成近似骨骼的构成特征。

② 形状近似 形状近似也就是指基本形的近似,主要以基本形为依据,采用加减、变形、正负、方向、切割、拼贴、压缩、拉长、扭曲形象或局部夸张等手段设计画面的近似变化。

2.3.1.4 特异构成

(1)概念

特异构成是指在同类的事物中,变异其中个别骨骼或基本形的特征,使规律或者秩序中鲜明突现的异质、异形、异色等因素,明显突破规律的单调感,使其形成有反差又反常规的变化。"特异形"或变异元素常常成为视觉中心,引人注目,增加了构成设计趣味变化的形式美（图2-86～图2-90）。

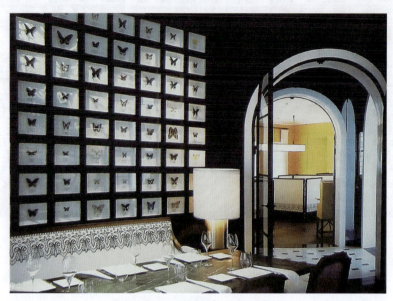

图2-84 室内设计中的形状近似

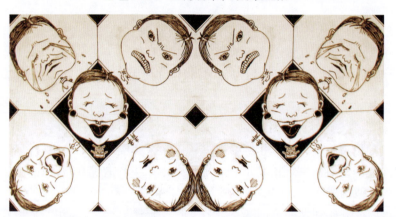

图2-85 近似构成 刘芳惠

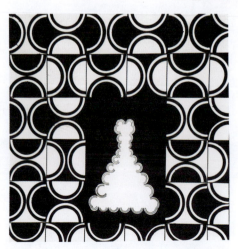

图2-86 形态特异（1） 赵蕾超

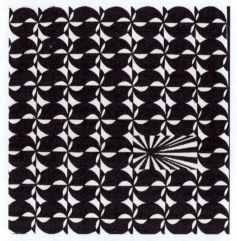

图2-87 骨骼形态特异（1） 赵倩

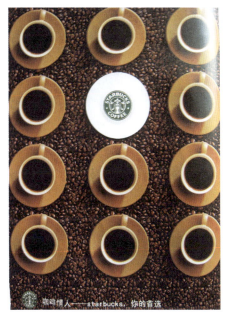
图2-88 形态特异（2）星巴克咖啡广告

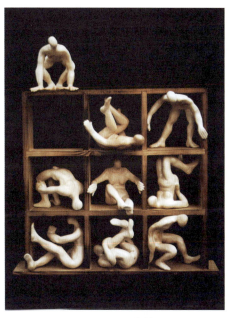
图2-89 骨骼形态特异（2）

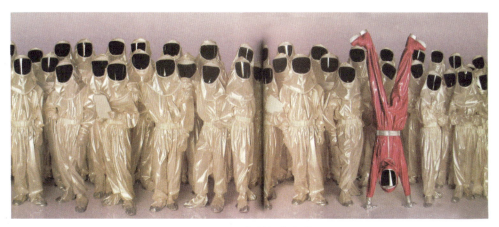
图2-90 色彩与方向特异

（2）特异构成形式与应用

在规律性骨骼和基本形的构成内，任何元素均可作突破或变异的特异处理，如"万绿丛中一点红"便是一种色彩的特异现象，鹤立鸡群的"鹤"则是一种异常形的形状变化，这些违反一般规律和秩序的、在画面上集中在一定空间的小部分特异元素，极易引起人们的心理反应。特异构成能够通过形态的异常形、骨骼单位以及大小、色彩、肌理、位置、方向、正负等突出异变的部分，重在突出主要的创意和构思。

① 骨骼特异　骨骼特异是指在规律性骨骼之中，部分骨骼单位的形状、位置、大小、方向发生了变异。

② 形态特异　在以规律性重复为主的基本形构成中，使个别基本形在形象上发生变异，包括形态大小、方向、正负、位置、肌理、色彩、空间变异等，因所作特异的部分在数量上少甚至只有一个，容易形成强烈的视觉焦点。

2.3.1.5 发射构成

（1）概念

发射构成指基本形或骨骼单位围绕一个或多个中心向外散开或向内集中而形成的发射式图形。由于它包含着重复和渐变的双重特征，且具有一个或多个发射中心，如光芒四射的太阳是以中心为发射点，易构成重心明确、富有动感的强烈视觉图形。

发射通常具有方向性强的规律性，发射样式多样。发射的骨骼线可以是直线、曲线、弧线等。以骨骼线为依据，根据发射方向形成中心式、同心式、螺旋式发射构成，也有"离心式"和"向心式"发射构成之说。发射构成在设计中极富爆发力和动感旋律（图2-91～图2-98）。

（2）形式与应用

① 中心式发射

a. 离心式　发射点一般在画面的中心，由中心向外逐渐扩散的发射形式。

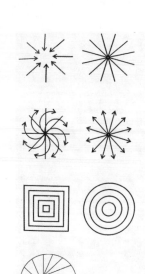

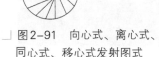

图2-91　向心式、离心式、同心式、移心式发射图式

b. 向心式　发射点在画面外，基本形由四周向中心集聚。

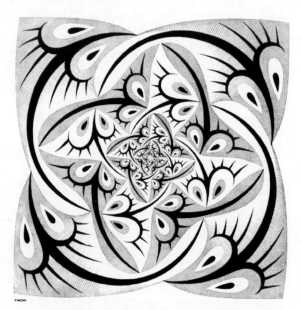

图2-92　离心式发射构成　埃舍尔

c. 同心式　基本形环绕一个中心渐扩渐大，如同箭靶的图形，形成同心圆或同心框等。

② 移心式发射　发射点按照一定的动势有秩序地渐次移动位置，形成有规则的移心式变化。

③ 多心式发射　在一幅作品中，有多个放射点存在，从而形成丰富的发射集团和发射空间。

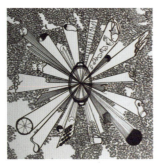 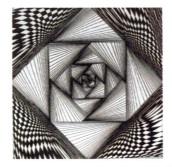 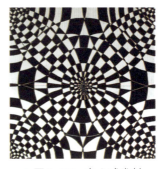

图2-93　向心式发射　陈建美　　图2-94　移心式发射　李银铃　　图2-95　多心式发射　刘芳慧

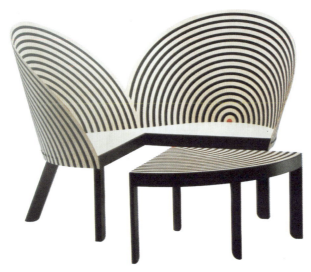

图2-96　家具设计中的同心式发射构成　南娜·迪策尔

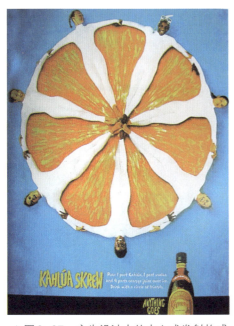 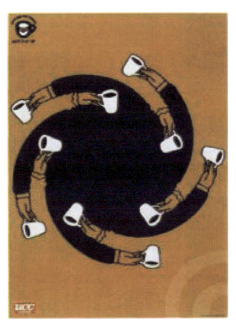

图2-97　广告设计中的中心式发射构成　　图2-98　UCC咖啡馆海报中的离心式发射构成　福田繁雄

第2章　设计基础三大构成——平面构成篇

57

2.3.1.6 对比构成

（1）概念

对比在形式运用上强调的是各要素之间的差异性和对比性，对比的双方都会在视觉上获得强调与突显的地位。我们可以运用相反性质的对立要素组合，依靠形状、大小、方向、面积、疏密、黑白、粗细、高低、远近、曲直、方圆、色彩、肌理、软硬、动静、轻重、虚实等对比关系，对平面构成的诸要素互相比照，给人以强烈、显著、鲜明的感觉。也可以降低各要素之间的差异性，使对比模糊、轻微。我们应根据设计需要选择对比的强弱关系（图2-99～图2-108）。

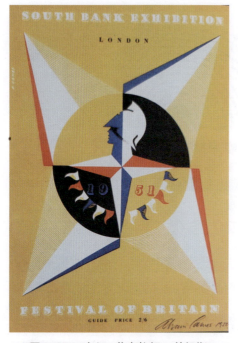

图2-99　对比　艾布拉姆·盖姆斯

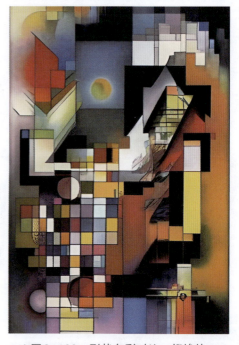

图2-100　形状色彩对比　柳峻屹

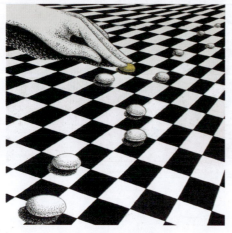

图2-101　形状对比

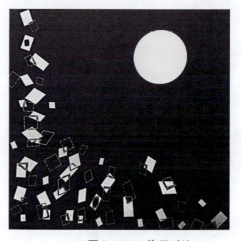

图2-102　位置对比

对比与调和作为形式美规律之一，包含着对立与协调。关于和谐，古希腊哲学家赫拉克利特曾经谈到："没有高低就没有和谐，没有男女两性的对立就没有生命。"高低与男女便是成为对立与对比存在于和谐中的相异因素。自然环境与人类造物创造出诸多的对比形式，形成不同的个性特征。在对比的运用中，我们要注意设计要素的和谐统一，并从主次、呼应、强弱中彰显对比的节奏、韵律。

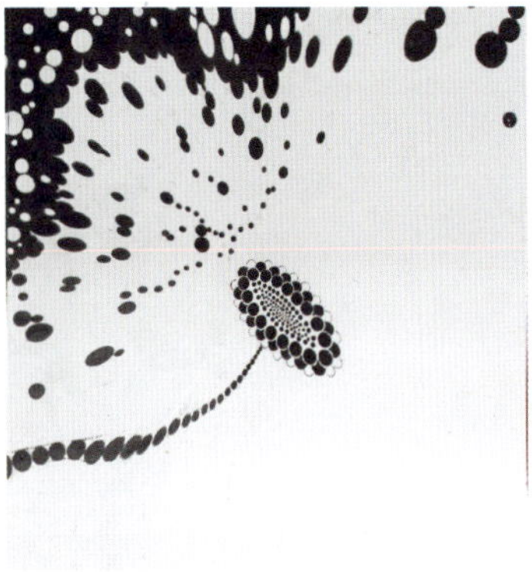

（2）对比构成形式与设计应用

① 形状对比　以形状作为对比的核心要素，比如形状的大小、方圆、黑白、规则与不规则等。利用任何相反或者相异的形状都可以形成对比。

▷ 图2-103　聚散对比

② 聚散（密集）对比　密集对比又称聚集对比。在设计构成中，聚散是一种最常用的组织结构和处理图形的对比手法，所谓"疏可走马，密不透风"便是对布局中密集的元素与松散的空间所形成的对比关系的最好说明。密集在设计中主要是指基本形或装饰图形在整个构图中，有疏有密，对比分明，造成一种视觉上的张弛节奏。形的最疏或最密的地方均可成为整个设计的视觉焦点。

③ 排列对比　排列对比是指编排方式上的对比。比如把排列方向、空间、位置作为对比要素，但要注意上下、左右空间位置的对比均衡以及重心处理。

④ 虚实对比　虚与实是事物对立的两个方面，是艺术创作技巧的美学原则，两者互为前提，相辅相成，如同宇宙中的地与天，实者在视觉中突出显赫，虚者空灵混沌。平面构成中虚实关系常常是以实带虚、以虚衬实、虚实变幻、相互映衬，虚实对比的处理使平面构成关系主次分明、秩序井然、相映成趣，显示出平面形态组织的形式独特性和趣味性。

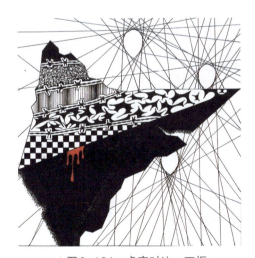

▷ 图2-104　虚实对比　丁振

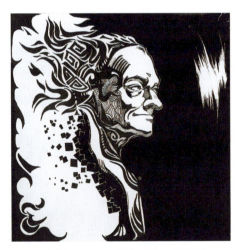

▷ 图2-105　明暗对比　王恩康

⑤ 色彩对比　以色彩学中的色相、明度、纯度、冷暖作相应对比，强化视觉色彩空间与色彩韵律。

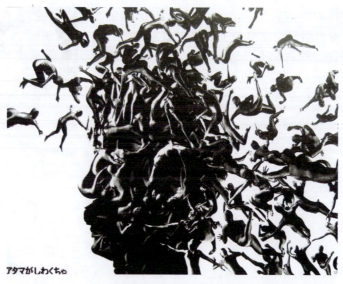

图2-106 大小对比

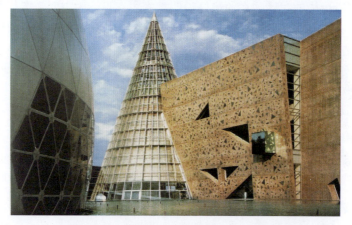

图2-107 建筑设计中的形状对比 黑川纪章

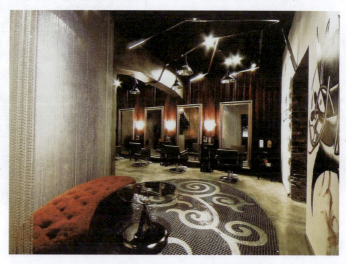

图2-108 室内设计中的色彩对比

2.3.1.7 分割构成
2.3.1.7.1 概念

分割是艺术造型和设计中最基本、最常用的手段之一，它按照一定的比例和秩序对空间和形态进行划分与切割，使其形成新的组织形态和比例关系。在设计构成中，构成方式也就是把整体分割成部分，如规划设计中的区域分割，建筑设计、园林景观、室内设计中的空间分割，视觉传达设计中的广告招贴，书、报、网页设计中的平面分割等。美术领域里蒙特里安的理性抽象主义，创作的主要形式其实也是运用点、线、面分割空间，并应用于建筑、家具以及服装设计领域中。分割构成在设计与造型中起着重要的作用（图2-109～图2-115）。

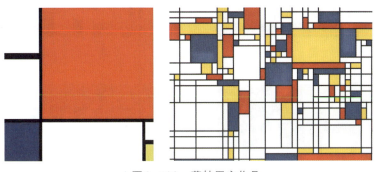

图2-109 蒙特里安作品

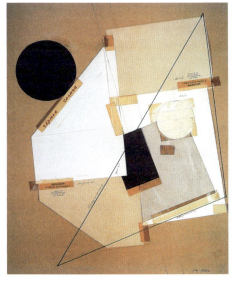

图2-110 分割构成与平面设计

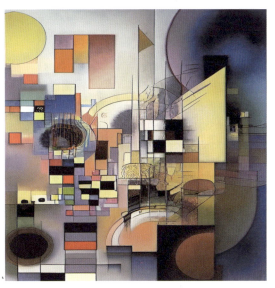

图2-111 柳峻屹作品

2.3.1.7.2 分割的形式
（1）等分割

等分割有两种：等形分割与等量分割。等形分割是形状或数量完全一样的重复性分割，能够形成整齐规范的图示构图，属于齐一美；等量分割分割出来的形状可以不同，但面积和比例相当，这类作品由于分割后的形状各式各样，所以变化丰富而具有趣味，同时在量上又不失安全稳定感，属于均衡美。

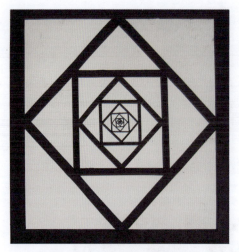

图2-112　等分割　董广征

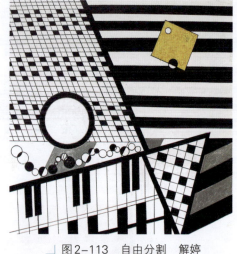

图2-113　自由分割　解婷

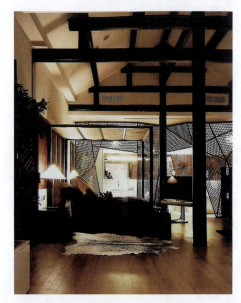

图2-114　室内设计中的自由分割（1）

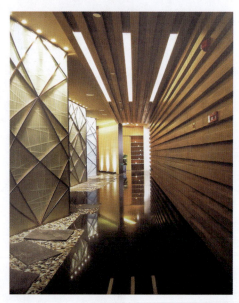

图2-115　室内设计中的自由分割（2）

（2）自由分割

自由分割是不规则的，是凭作者主观意象、审美能力和实践经验对画面进行的无规则形式分割，任意自由地划分平面与空间，给人自由轻松、率性洒脱、不受约束的愉悦感。设计时需注意每个视觉元素的变化，同时又要协调相互的整体关系，注意构图的统一感，切忌各元素安排得杂乱无章。

（3）数理分割

数理分割是指在造型中，根据严格的比例和数列关系进行的分割。分割时利用一定的数理比例完成构图，通常具有有秩序、明朗的特性，包括黄金分割、数列分割。

①　黄金分割　所谓黄金分割是一种数学上的比例关系。希腊数学家欧克多索斯是第一个研究黄金分割的人，并建立起比例理论，因此古希腊有很多雕塑和建筑中都包含着黄金比。古今中外，从建筑到雕塑，从绘画到设计，黄金比被广泛应用。黄金比之所以令人

有神圣之感，是因为它含有包括无理数在内的数字，如果取至小数点以后第三位，则为1.618，这是个极其复杂、难以计算的数字，但在几何学上却是简单、可以求得的优美比例，并被公认为是视觉上最顺眼、最舒服的比例（图2-116）。

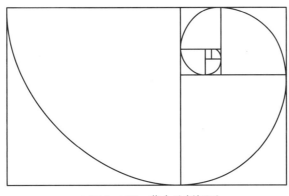

图2-116　黄金分割矩形

② 数列分割　数列包括等差数列、等比数列、调和数列、斐波那契数列（图2-117）等。数列分割创作以渐变为主要形式的作品，因渐变关系是"恒定差量"与"恒定比"的排列方式，分割线的间隔依据某种规律逐级依次增大或减少，这种间隔的渐变会对视觉有一定的导向。因此，数列分割是统一性较强的、有方向感以及动势的分割方法，具有较强的韵律与节奏感。

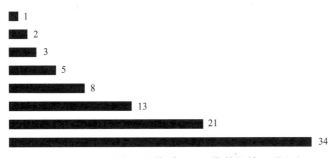

图2-117　斐波那契数列：后一位数是前两项之和

a. 等差数列变化比较固定，变化的量是一个恒定的差，因此，以等差数列为渐变依据的图形相对比较舒缓、柔和。数列变化的规则一般为：a，a+1，a+2，a+3，a+4……

b. 等比数列是个强有力的数列，在开始时变化微妙，但越发展变化越剧烈，给人以强有力的视觉冲击，作品醒目明快。数列变化的规律如：a，a^2，a^3……

c. 调和数列与等差数列相反，越到后面变化越小，而且极其自然。常用公式如：1，1/2，1/3，1/4……

d. 斐波那契数列是以发明人的名字来命名的，它也是广泛应用于设计作图的数列。它以一种有规律的模式递增，这一变化率与自然界中很多动物、植物的生长规律恰好吻合。变化率从第12项开始近似等比数列，但也具有规则性的平稳，令观者视觉上感觉很舒服。常见变化公式为前两项相加的和为第三项：1，2，（1+2=）3，（2+3=）5，（3+5=）8，（5+8=）13……

以上为常见数列，其实我们也可以自由创作数列并应用在设计中。对于艺术而言，只要感觉上具有了这种差与比的"量"的视觉对比构成关系，也就具备了数列分割的特征与属性。视觉艺术并不需要图解数学,关键强调的是这种比值的视觉层次感受。

（4）水平、垂直与斜线分割

在分割中以水平线、垂直线及斜线分割为依据划分空间,有明确、统一的分割线,故显得整齐有序、明确利落,能够取得强烈的统一感。这种分割形既可以是几何形的,也可以是具象的以及非具象的（图2-118）。

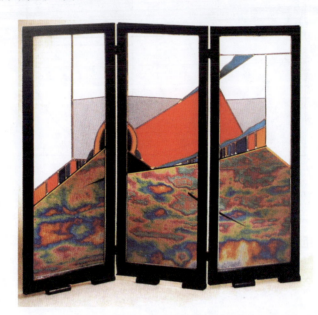

图2-118　运用水平、垂直与斜线分割构成的屏风设计

2.3.2　平面构图的组织形式

构图作为造型艺术的专用名词,是指设计者在有限的空间或平面里对自己所表现的形象内容和元素符号等进行主观的组织和安排,形成整体空间或平面的结构组织构图形式（图2-119～图2-130）,借以表现艺术家的设计意图和思想理念。

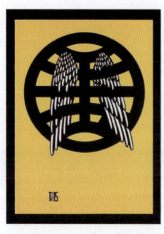 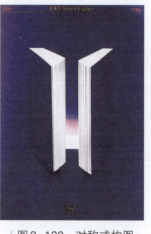 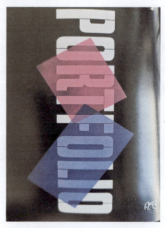

图2-119　中心式构图　福田繁雄　　图2-120　对称式构图　岗特·兰堡　　图2-121　垂直式构图　阿列克谢·布罗多维奇

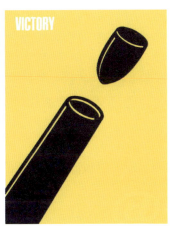
图2-122 倾斜式构图 福田繁雄

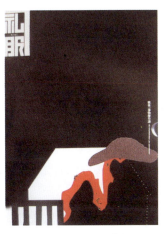
图2-123 边角式构图

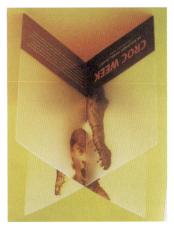
图2-124 交叉式构图

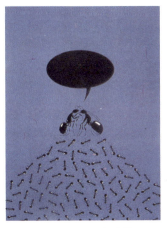
图2-125 三角式构图
克罗德·库恩

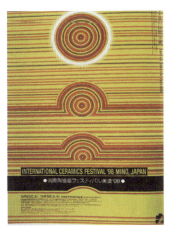
图2-126 平行式构图

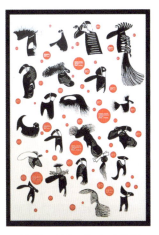
图2-127 散点式构图
福田繁雄

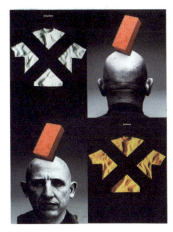
图2-128 均衡式构图
岗特·兰堡

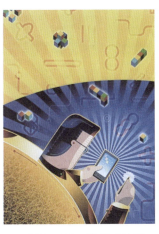
图2-129 发射式构图

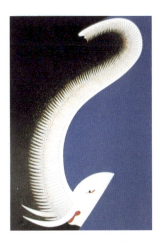
图2-130 S形构图
永井一正

（1）中心式构图

中心式构图又称居中构图，形象主体位于中心位置。视觉中心突兀、明确，信息传达高效，一目了然，端庄稳定，在设计中最为常用。

（2）对称式构图

对称式构图是将图形元素以对称的方式排列，具有稳定、肃穆、安静、平衡的视觉特征。对称式构图有左右对称和上下对称的基本图式规律。

（3）垂直式构图

垂直式构图的设计形式与图式以垂直方向为主，具有挺拔耸立、积极向上、庄严的审美意味。

（4）倾斜式构图

倾斜式构图的设计形式与图式以倾斜线方向为主，有时倾斜成对角线，目标有指向性，易形成视觉动线。画面活泼，富有动感与速度感，易产生不安定感。

（5）边角式构图

边角式构图设计时运用边角集中创构图形，使边角处形象丰富、突出。因图形集中在边角，其余图面空灵开阔，画里画外对比明确，富有节奏感，令人遐想无限。

（6）交叉式构图

交叉式构图的构成图形安排是以自交叉或倾斜交叉为主，交叉处的形态丰富多样，具有一定的矛盾相交点，视觉冲击力较强。

（7）三角式构图

三角式构图将图形元素组合在三角形中。正三角形构图稳定，倒置的三角形具有倾斜、不稳定的视觉特征。

（8）平行式构图

平行式构图的设计形式与图式以水平方向为主，平静安定，广阔无限，具有横向的开阔延伸感和稳定的永恒感。

（9）散点式构图

散点式构图以散点自由排列的图形为特点，均衡和谐，生动有趣，轻松自如，表现内容丰富多样。

（10）均衡式构图

均衡式构图是以视觉感受的平衡为特点，组织结构中通过图形和色彩的呼应达到一定的均衡感，上下或左右面积大小并非相等，但感觉上形成的分量相等，如同老式的杆秤，呈现出安宁稳定的视觉感受。

（11）发射式构图

发射式构图中把图形元素纳入发射的网格线中，发射中心视觉感突出，发射线中形象具有视觉的流动性。

（12）S形构图

S形构图的图形以曲线的S形为主要形式，优美舒缓，阴柔典雅，丰满柔软，律动感强。

2.4 平面构成与空间构架

2.4.1 视觉空间的含义与视觉价值

空间在物理学中的解释为宇宙中物质实体之外的部分,是物质存在的一种客观形式。物质实体之外具有抽象的虚无性。在视觉艺术中,为了体现存在于虚无空间的物质的三维性质,常借助于透视空间表现物质实体,并且展示出其空间的体量。从视觉的角度来看,形体造型都会有上下、左右、前后三个维度。此实体和空间体量中所包含的空间暗示越是肯定,画面提供的三维幻觉就越是生动,这在西方造型艺术和现代设计运用中都有所展现。

西方透视学的研究与应用对视觉空间的体现具有重要的意义。艺术品为了获得真实空间特性的明确观念,不仅强调了长、宽、高及时间这四个量之间的关系,还强调了视觉原点注视者的空间位置。它所表示的是视线中的空间,是一种视觉原点与外界造型具有相对关系的视觉空间,如西方绘画艺术作品,造型中运用透视学和色彩关系便把立体物象描绘得坚实突兀(图2-131)。

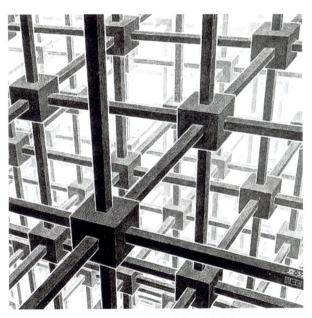

图2-131 视觉空间 埃舍尔

2.4.2 平面构成中的空间观念

阿道夫·希尔德勃兰特在《造型艺术中的形式问题》中曾指出空间观念的重要意义:"我们与视觉艺术的关系主要在于我们对空间特性的感觉,没有这种感觉,要在外部世界中确定方向是绝对不可能的,因此我们必须把我们一般空间观念和空间形式感觉视为我们对现实事物的观念中最重要的事实。"所以建立和培养设计空间意识,在平面设计与构成中研究空间观念及其视觉表现，在不同的图形组构和细节的相互依赖关系中构建以视觉透视所求得的幻觉性空间，有助于唤起人们的感觉器官对空间、立体、实体的心理需求，毕竟我们所设计和服务的对象是存在于自然空间的以人为主体的社会空间。因此，在设计中树立一定的空间观念有着一定的必要性。

2.4.3 平面构成中的立体空间效果

平面是二维的，但是，在具有二维特质的平面中却能够展示包容着各种实体的三维立体空间，这便是画家和设计师经过思维分析、创意设计的结果。他们运用或抽象或具象的形态构成，通过对画面层次、大小、面积、位置、虚实等组构关系的对比，从而在平面中塑造了深远的立体空间感（图2-132、图2-133）。

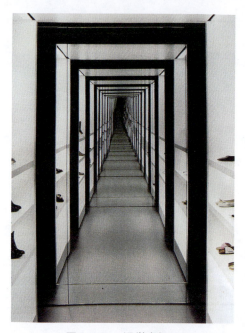

图2-132 视觉空间

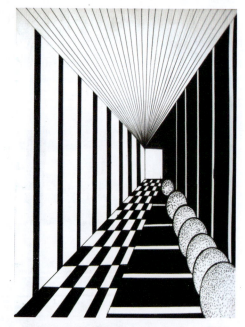

图2-133 深远的立体空间感　李鑫鑫

立体空间造型是运用透视学中的形体近大远小变化以及黑、白、灰空间变化来完成空间塑造的。因此，在平面中塑造立体，一定要特别注重深度的空间关系，即使形态都是二维的，也要在组构中注意它们的空间位置和虚实处理，从而在平面的纸上使形态主体达到了一种具有空间深度感的三维立体空间效果（图2-134）。

设计中立体空间的创造仍然借鉴了不同学科、不同类别的理论和知识，尤其是运用了透视学原理。透视学是研究透视的一门科学。空间的透视规律在公元前五世纪便有一些建筑师和画师观察研究，他们发现了图像的大小与距离存在着近大远小的透视规律，并把这一透视规律实践运用于舞台设计中，极大地增加了布景真实的空间感和戏剧气氛。14～15世纪，文艺复兴时期的艺术家以科学的探求精神，把透视学运用于作品之中，并相继书写了《绘画透视学》《圆规直尺测量法》等著作，将其作为空间造型艺术中透视的科学依据。17世纪，法国建筑师兼数学家沙葛还出版了《透视学》，最先在数学基础上研究透视理论，并定出几何形体透视投影的正确画法和各部分尺寸的计算，对于设计造型技法与理论也具有极其重要的指导意义。

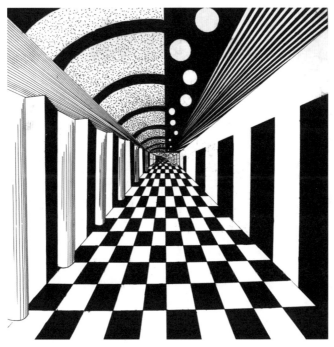

图 2-134　空间　王婷婷

2.4.4　层次秩序与视觉空间表现

平面视觉空间表现是视觉审美的重要环节。就视觉空间而言，平面空间往往是通过条理性的层次秩序组织获得立体空间效果。层次性反映在二维的平面空间中，常常是通过形态图形的结构关系处理取得的，如形态的大小、高低、虚实渐变、构形掩映关系等，都能够表现层次秩序与空间效果。在平面设计中，如果我们使用的形态层次关系少，渐变元素单一，重合、交错、掩映变化对比弱，那么视知觉空间感就弱；反之，形态层次关系多，透视与虚实变化大，纵深感强，就会形成平面构成中的深度空间。深度空间更多的是利用透视变形、层次秩序来完成的视错觉空间表现（图 2-135、图 2-136）。

我们都熟知，浮雕与圆雕的差异是对于立体空间的处理手法不同，浅浮雕与深浮雕的差异在于深度的不同。由此可知，进深的差异导致了深度空间的塑造和立体的效果的不同。根据进深的空间表现、形态间的空间距离以及虚实对比关系，我们可以把平面视觉空间分为浅度空间与纵深空间。

（1）浅度空间的空间组织

① 阴影空间　物象由光的照射而产生阴影，光影的表现能够更好地凸显物体的立体感，这是我们基于生活的认识。平面设计中运用物象与投影的表现，能够强化一定的空间效果，产生一定的深度空间关系。阴影的区分会使物体具有立体感和凹凸感（图 2-137）。

② 色彩空间　色彩空间是利用色彩的冷暖、明度、纯度的对比变化体现空间。暖色靠近，冷色远离；高纯色前进，低纯色后退。色彩对比强则空间感强，反之则空间感弱（图 2-138）。

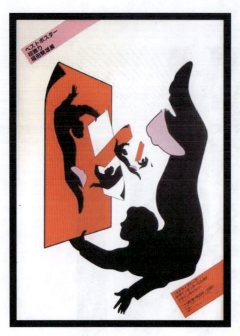
图2-135　海报设计中的空间效果（1）　福田繁雄

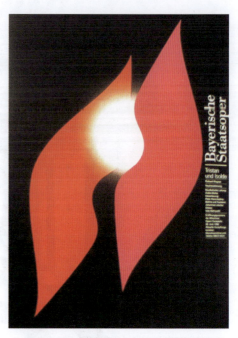
图2-136　海报设计中的空间效果（2）

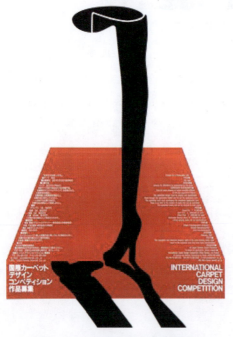
图2-137　阴影空间　福田繁雄

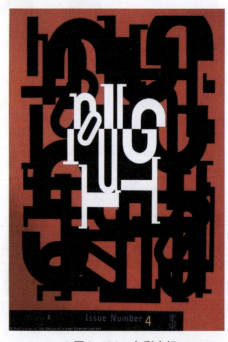
图2-138　色彩空间

③ 弯曲空间　弯曲由于加大了平面的起伏度，故会产生一定的深度变化和空间幻觉。平面设计中利用平行线的方向与面的曲度改变也能够产生具有三维感的空间幻象（图2-139）。

④ 肌理空间　肌理是物象表面的组织纹理结构。粗糙的表面由于凹凸不平的起伏关系，更容易产生视觉关注，有一种前进的感觉。相比而言，光滑细致的表面则令人感到疏离，设计中常常运用表相异样的材质肌理表现不同的视觉空间（图2-140）。

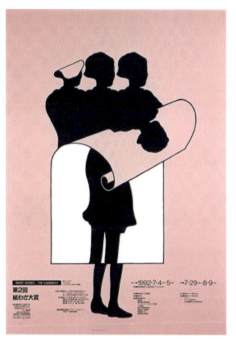
图2-139 弯曲空间 福田繁雄

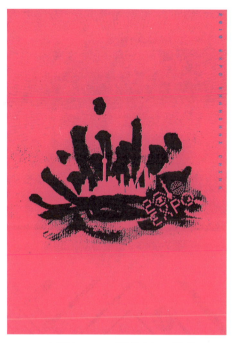
图2-140 肌理空间 张辉

（2）纵深构成空间组织

纵深构成是空间构成的特殊形式，主要物象前与后的距离关系通过运用透视、疏密、渐变推移等手段达到纵深效果的体现，又称之为深度空间。它强调空间的无限进深感的视觉传递性，是表现设计创意和立体三维空间的重要手段（图2-141～图2-148）。

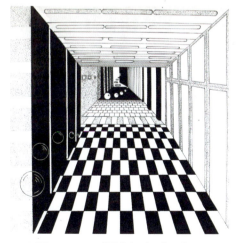
图2-141 透视空间（1） 孔雯雯

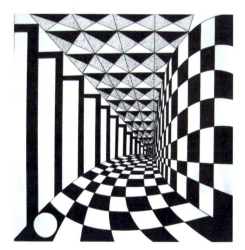
图2-142 透视空间（2） 刘丽

① 透视空间 透视空间主要利用透视学视觉原理表现纵深空间。透视形态的近大远小、近高远低、近长远短、近粗远细，是表现纵深构成最有力的手段。透视现象中，大小相同的东西，由于远近不同会产生大小不同的感觉。同样的道理，在平面构成中，面积大的我们感觉近，面积小的则感觉远，这便产生了纵深空间。

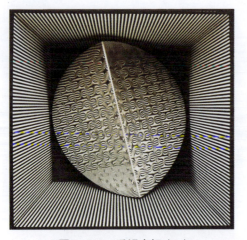

图2-143 透视空间（3）

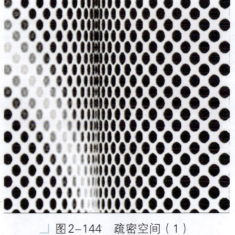

图2-144 疏密空间（1）

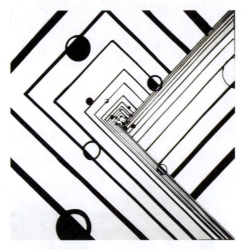

图2-145 疏密空间（2） 许资悦

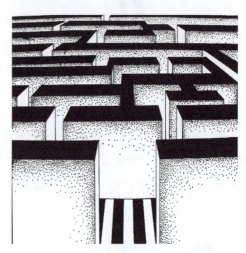

图2-146 重叠空间 刘畅

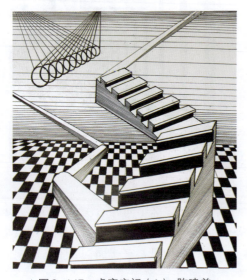

图2-147 虚实空间（1） 陈建美

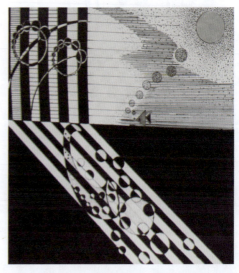

图2-148 虚实空间（2） 于慧玲

② 疏密空间　疏密空间是运用形态的疏密组织形成的视知觉空间。由间隔疏朗至间隔细小的形象或粗细线条的疏密变化都可以产生空间感。疏密空间是渐变推移在纵深空间表现中的方法运用，其疏密推移变化越强烈，则空间深度效果越显著。

③ 重叠空间　平面中一个形态叠在另一个形态之上，互相遮挡会有前后空间的视觉感。阿恩海姆在《艺术与视知觉》中，曾经用正方形和圆形的排列方式获得结论，那就是通过重叠获得深度。正如他所说"由重叠产生的立体效果，往往比真正的物理距离产生的立体效果还要强烈"，平面构成中合理运用重叠，并使之形成连续性因素，便会强化纵深空间。

④ 虚实空间　虚实空间是通过对平面图形的虚实处理来实现的。所谓"虚"是以"实"作为参照的，两者互相依存，互为前提。"实"是边缘坚实、清晰度与认知度强的视觉图形，具象的、具体的物质便有着"实"的特征，通常情况下具有紧张、密度高、前进的感觉。在平面构成的空间层次处理中，虚则反之，图形对比度弱，图形虚无，认知度低，不明确，具有后退感。因此，在空间层次处理上，常常是强化主体形态，弱化次要形态，以此相映衬，产生一定的前后位置空间和纵深效果。虚实空间表现出整体空间中主次的节奏与构成的趣味，是视觉艺术与空间表现的重要形式。

（3）矛盾空间与悖理图形

矛盾空间是视错觉的一种知觉空间，它是人们的一种感知，是一种错觉的视觉感知。错觉在心理学中的解释是"对客观事物的不正确的视知觉"。悖理图形是违背了透视空间常理的图形。设计师利用透视原理的多视点构成手段和不同方向及角度的光照明暗，在同一平面空间中表现不同空间观念的并存和形态的时空嫁接，运用在真实空间里不可能存在的假设矛盾空间错觉感知，打破焦点透视在一幅画面中的透视规律，巧妙地利用视错觉和视点的转换与交替，使形象彼此凹凸相反，有时或共用同一面，使所创造的三维的立体形态有两个以上的视点，产生空间的错觉混乱和强烈冲突，形成悖理图形（又称无理图形）。构成趣味生动的视觉悖理图形，能给艺术设计与创作带来丰富奇异的视觉效应，使人充满想象和探求欲。

荷兰艺术家埃舍尔的一生被悖论和"不可能"的图形结构所迷住，其作品在二维空间和三维空间之间相互变换。他绘制了大量"迷惑的图画"，以非常精巧、考究的细节写实手法，生动地表达出各种荒谬的结果，制造出引人入胜的荒谬和真实、可能与不可能交织在一起的具有思辨意味的悖理图形。这种无理图形也被日本设计大师福田繁雄以及之后的许多设计师所关注使用。悖理图形得到了广泛的实践与运用（图2-149）。

① 反转性错觉的设计幻象　利用观察角度和位置的差异，使设计图形中

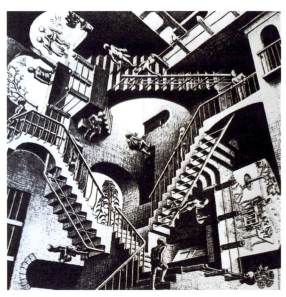

图2-149　相对性　埃舍尔

的形态在空间中形成前后、远近的反转效果。由于观看的方法和位置不同，图形中局部形态时而显得前进，时而显得后退，呈现出不同的反转性设计形态（图2-150～图2-152）。

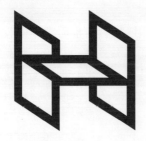 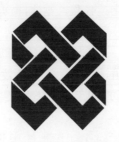 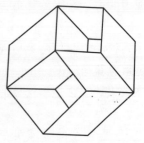

图2-150　日本·本田设计事务所　　图2-151　银行　反转性设计　　图2-152　反转性设计形态

② 形态交叉与空间交错造成的幻象　利用形态在空间中的前后交叉和交错变化，创造出奇妙的图形和奇怪的立体，造成周而复始的景象。真实的空间中，形态之间是不可能产生这样的交叉的（图2-153、图2-154）。

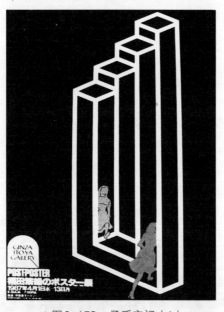 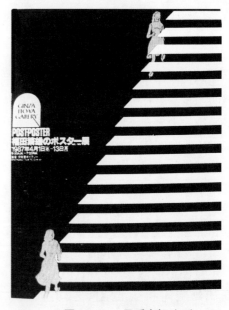

图2-153　矛盾空间（1）　　　　　　　图2-154　矛盾空间（2）

③ 空间连续起伏造成的幻象　无理图形经常运用逆向性思维方式，挖掘现实形象或视觉和谐理论的对立面，进行颠覆性的图形改变，从不同的视角、不同的领域去观察物象的新含义和表现方式，充分释放出我们的想象力和创造力，例如，上下是相对的，但由于上下造成奇妙空间的连续起伏，使得上和下永远不停地循环运动，形成奇妙的视错觉悖理现象（图2-155）。

悖理图形是运用非自然的、不合理的反常图形进行的图式设计，它打破了客观世界的合理、固定的秩序和司空见惯的常规形象，以荒唐、反常的形态语言重组了客观世界的物象，目的在于打破真实与虚幻、主观与客观世界的界限，把隐含在深处的心理和情感、意识与潜意识、梦幻与现实的含义以视觉图式显现出来。

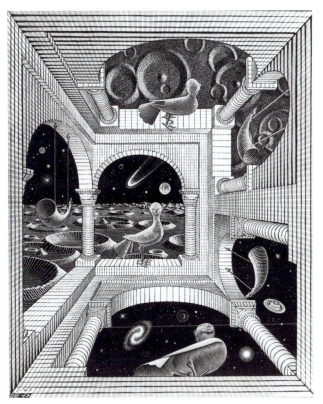

图2-155 另外的世界 埃舍尔

2.5 平面构成的肌理方法和形式

2.5.1 肌理的定义

肌理是物体表面的组织纹理结构,在自然界里是物体表面的质感和纹理。肌理中的肌是指皮肤,理是指纹理。肌理是绘画、雕塑、设计等艺术创造所特有的形象化语言,对于艺术设计而言,主要是用自然和非自然的工艺手法,创造出新的肌理形态和丰富的视觉形象。

2.5.2 肌理的分类

平面肌理从感观上可分为视觉肌理和触觉肌理。从视觉形式看分为点状肌理、线状肌理、面状肌理、彩色肌理和非彩色肌理;从触觉形式看分为显性肌理(表现强烈)和隐性肌理(表现微弱)。此外,肌理的构成还可以由形态方面分为自然肌理和人工肌理;从秩序形态看分为规则形态肌理和不规则形态肌理等。平面构成肌理的表现主要是由狭义的"视觉肌理"所带来的触摸感知。

(1)视觉肌理

视觉肌理是肌理表面在视觉上造成的一种视觉心理感受,如开裂的泥土和光滑的绸缎，古雅的鸡翅木和不同纹理的大理石。设计中通过对规则或不规则形态进行艺术加工与处理，达到视觉上的细腻感、粗糙感、质地感、纹理感的具体表现（图2-156）。

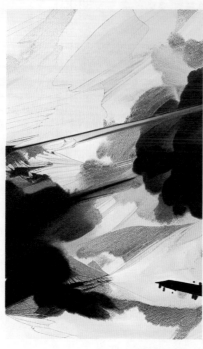
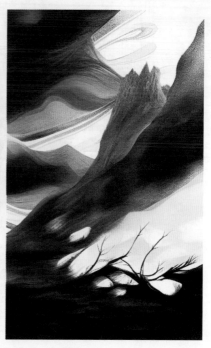

图2-156 视觉肌理 柳俊屹

（2）触觉肌理

触觉肌理是相对视觉肌理而言的，指的是触摸时所感受到的或细腻或粗糙的不同质地纹理。触觉肌理靠触觉才能感受到肌理面貌的实际存在，但触觉肌理的设计目的在现实生活中并不一定是让人触摸感知，它的艺术感染力往往首先是靠视觉来感知的（图2-157）。

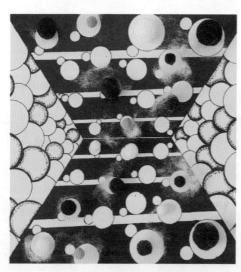

图2-157 平面构成与触觉肌理

2.5.3 平面肌理常用的手绘制作方法和形式

肌理的研究有助于视觉效果的表现和设计意图的表达。平面肌理的多样表现手法从视、触觉上丰富了平面设计语言，创造出千变万化的肌理意义。视觉肌理表现主要是通过在平面上表现立体可视的肌理形态，其设计实施讲究一定的节奏性，通常是把较小的肌理形态群化或密集化处理成面的形态后获得，通过肌理之间的虚实、聚散、深浅产生一定的比例与秩序，也可运用自然和人工材料如沙土、石膏粉等制作完成，使作品具备触觉上的质地感。

"肌理"的创造来自于几个方面：一是工具，二是材料，三是手法。笔类工具中，马克笔、彩色油性笔、竹笔、铅笔、彩色铅笔、钢笔、鸭嘴笔、毛笔、底纹笔、水粉笔、水彩笔、针管笔等可结合使用，颜料中的水粉、水彩、油画颜料、国画颜料、丙烯、油漆、瓷器涂料、印刷油墨、矿物质颜料、色粉、油画棒、蜡等也可根据需要选择使用，但工具材料的表现形式更强调"笔"以外的材料工具，平面构成中主要是通过各种手法获得视觉肌理感知。设计表现中常常运用各种颜料和制作方法进行表现，可结合喷绘、熏炙、擦刮、拼贴、渍染、印拓、漂浮等方法制作完成，多种手段的综合运用能够得到不同的视觉肌理质感（图2-158、图2-159）。

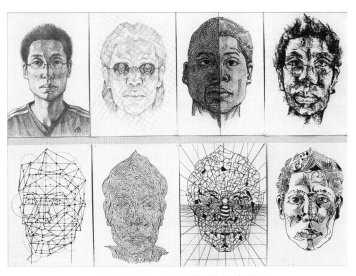

图2-158 不同肌理的构成设计

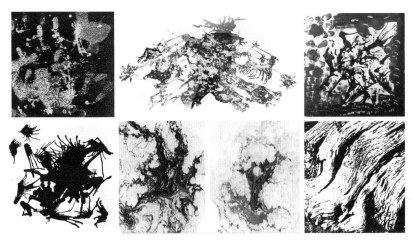

图2-159 平面肌理构成

（1）笔触肌理

利用不同的工具如各种笔、刮刀等制造毛涩、粗细、软硬、轻重的笔触效果，以表现流畅、顿挫等多种的"笔触"本身的语言价值。

（2）喷绘肌理

运用喷笔、金丝网或牙刷等工具将颜料呈雾状喷在平面材料上，形成明暗渲染、点状虚实的层次变化。

（3）晕染肌理

常见于中国画中。许多绘图软件中也装有此程序。绘制中用稀释的颜料在吸水性较强的纸上，有目的、有意象地渲染、渗化，产生自然渲染的优美纹理。

（4）拓印肌理

把颜料涂于不同材质凹凸不平的表面上，再印在纸面上，会产生自然的疏密有序、虚实相间的视觉感受。

（5）刮刻肌理

在不同纸质的表面上刻、刮，形成粗犷、强烈的质感。肌理特殊的视觉感受也是其他视觉形式所不能替代的。

（6）吹弹肌理

用嘴吹、线弹的方式在纸面上形成的一种自然而意外的效果。肌理的自然形式反映了世间万物在自然中的存在方式。

（7）熏烤肌理

运用烟熏、烤炙手法，能够产生自然优美的丰富肌理。从审美的角度去操作，就使平面构成有了更多的视觉语言和表达手段。

（8）漂浮肌理

用吸水性较好的纸吸附漂浮在水面的墨汁、色彩、油迹等物质，形成一种具有流动感、斑驳陆离的偶然性视觉肌理。

（9）拼贴肌理

选择纸、布、纤维、蛋壳等不同材质的材料，按照一定的想象设计，经剪裁、撕扯、砸碎成为某种形态，将一种或几种材质拼贴到平面上形成的具有视觉感和触摸感的肌理。

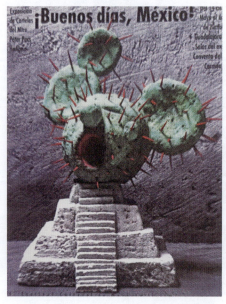

图2-160　手册设计　彼特·比考斯

（10）皱压肌理

借助于一定的重力挤压手段，将可塑性较强的平面材料搓捻挤压、揉皱、折叠成不同纹路的纸层，涂抹上颜料，雕琢削刮，捶打压印，形成丰富多样的触觉肌理纹样。

2.5.4　平面肌理的设计应用

平面设计要传达不同的信息，需要选择与所传达的精神内涵相一致的肌理方法。肌理运用不只是为了所谓装饰，而是要将肌理作为一种视觉表现语言，选择符合设计思想内涵的肌理表现，运用联想、象征、隐喻等艺术表现手法，恰如其分地表达设计理念和意图，承载情感，传达信息（图2-160）。

第3章 设计基础三大构成——色彩构成篇

导言：

色彩构成的魅力在于色彩元素表现过程中，通过学习色彩的科学体系和配色研究，让人们通过色彩感受到一种情感和力量。我们运用色彩构成设计理论进行实践探索，不仅要掌握色彩的对比与调和规律及设计应用表现方法，还要将当下的民族意识、中国符号进一步发扬光大，去提炼，去创新，去传递——使世界不仅仅熟知中国红，还有中国的青绿山水、敦煌壁画等，实现中国传统文化记忆的提取与创新发展，培养学生的文化自信与匠心精神。

3.1 色彩体系与色彩科学的发展

色彩是我们熟悉的一种客观生活现象。在人类物质生活和精神生活发展的过程中，色彩始终焕发着神奇的魅力。人们不仅发现、观察、欣赏着绚丽缤纷的色彩世界，还通过日久天长的时代变迁不断创造深化着对色彩的认识和运用。美妙的自然色彩，刺激和感染着人的视觉和情感，陶冶着人的情操，提供给人们丰富的视觉空间。

色彩作为视觉信息，无时无刻不在影响着人类的正常生活。设计师的任务就是创造出满足社会需求的各类色彩。对于色彩，我们一般有认识的各种途径。就色彩的研究而言，多搜集、多观察、多体验是认识和了解色彩的前提。看一部经典的电影名作，读一本精美的美术画册，观摩一次高水平的设计或美术作品展览，欣赏一场好的歌舞戏剧或音乐会，都是我们在特定的时空里集中欣赏、品味和揣摩艺术家们如何在他们的作品中运用色彩的绝佳机会，也是探究艺术作品中艺术形式美和艺术家个性化色彩表现的途径。对色彩资料的收集、研究和不断地设计创新，也是掌握色彩理论体系和设计表现应用的方法。

3.1.1 色彩与构成概述

色彩构成是艺术设计的基础理论之一，它与平面构成及立体构成有着不可分割的关系。色彩不能脱离形体、空间、位置、面积、肌理等而独立存在。

3.1.1.1 色彩构成的定义

色彩构成是构成基础训练中的一个重要组成部分。从人对色彩的知觉和心理效果出发，用科学分析的方法，把复杂的色彩现象还原为基本的要素，利用色彩在空间、量与质上的可变幻性，按照一定的色彩规律去组合各构成要素间的相互关系，创造出新的、理想的色彩效果，这种对色彩的创造过程，称为色彩构成。色彩构成中的基本要素是色相、明度、纯度。作为基础训练，色彩构成主要从色彩物理学、色彩生理学、色彩心理学、配色原则及色彩对比与调和等方面进行系统的研究。

色彩构成与面对自然色彩写生的不同之处在于它十分接近音乐创作过程中的纯粹的抽象思维方式。因此从某种意义上看，它扩大了人们对色彩的想象力，增强了人们对色彩语言自身表现力的认识，而构成形式本身也给予设计师和画家更多的主动和自由。因此色彩构成学实际上是色彩艺术的创造。

3.1.1.2 色彩的物理性质

（1）光与色

没有光便没有色彩感觉，人们凭借光才能看见物体的形状和色彩，从而获得对客观世界的认识。在没有光线的情况下，就没有视觉活动，也就无所谓色彩了。

在整个电磁波的范围内，不是所有的光都有色彩感觉，只有波长在380～780nm（纳米）之间的电磁波才能引起人们的视觉。这种波长的光在物理学上叫作可见光谱或光谱色。波长小于380nm或大于780nm的电磁波都是人眼所看不到的不可见光谱。

（2）物体色与固有色、光源色、环境色

① 物体色　具有最基本的两种表现形式：物体表面反射光所呈现的颜色叫表面色；透过透明物体的光所呈现的颜色叫透明色。不透明物体的颜色是由它所反射的色光决定的。当白光照射到物体上时，它的一部分被物体表面反射，另一部分被物体吸收，剩下的透过物体穿过来。对于不透明物体，即不透光的物体而言，它们的颜色取决于不同波长的色光的反射和吸收情况。如果物体几乎能反射所有色光，那么这个物体看上去是白色的；如果这个物体能吸收几乎所有的色光，那么这个物体看上去是黑的。

② 固有色　人们习惯于把白色阳光下物体呈现的色彩效果总和称为物体的"固有色"。许多人误认为"固有色"是物体固定不变的颜色，这种提法固然是不科学的，但是物体固有的物理属性却不会因光源色的改变而改变。

③ 光源色　所有物体的色彩都是在光源照射下产生的。相同的物体，在不同的光源下会呈现不同的色彩。白纸能反射各种光线，在白光的照耀下，白纸呈白色；在红光的照耀下，白纸呈红色；在绿光的照耀下，白纸呈绿色。可见，不同的光源必然对物体产生影响。除了光源色本身的性质外，其光亮强度也会对被照射物体产生影响，强光下，物体显得明亮浅淡；弱光下，物体会变得模糊灰暗；只有在中等强度光线下，物体的本来面目才清晰可见。

④ 环境色　某一物体反射出一种色光又反射到其他物体上的颜色。一般来说，物体受环境色影响，在背光部分以及两种不同物体相接近或相接触部分最为明显。环境色的反光量与环境物体的材质肌理有关，表面光滑明亮的玻璃、陶瓷、金属器皿类物体，反光量大，其对周围物体色彩的影响也大；反之，表面粗糙的物体，其反光量小，对周围物体的影响也小。

总之，光的作用与物体的特性是构成物体色的两个不可缺少的条件，它们相互影响，相互制约。物体色、固有色、光源色、环境色在绘画色彩和设计表现中都起着重要作用。

3.1.1.3 色彩的分类与色彩三要素

（1）色彩的分类

色彩分为无彩色系与有彩色系两大类。

① 无彩色系是指白色、黑色和由白色、黑色调和形成的各种深浅不同的灰色，无彩色系的颜色只存在色彩三要素中的明度的属性。现实生活中不存在纯白与纯黑的物体，颜料中的纯白（锌白、铅白）只能接近纯白，煤黑也只能是接近纯黑。

② 有彩色系是指红、橙、黄、绿、青、蓝、紫等颜色。不同明度和纯度的红、橙、黄、绿、青、蓝、紫色色调都属于有彩色系。

（2）色彩三要素

色彩具有三个基本特征：色相、纯度（也称彩度、饱和度）、明度。它们在色彩学上也被称为色彩的三大要素或色彩的三属性。

① 色相　色相是色彩的相貌和有彩色的最大特征，是指能够比较确切地表示某种颜色色别的名称。如橘黄、柠檬黄、钴蓝、群青、翠绿等。

② 纯度（彩度、饱和度）　色彩的纯度是指色彩的纯净程度，它表示颜色中所含有色成分的比例。含有色成分的比例越高，则色彩的纯度越高；反之，含有色成分的比例越小，纯度越低。当一种颜色掺入黑、白或别的颜色时，纯度就会发生变化。当掺入的颜色达到很大的比例时，在眼睛看来，原来的颜色便失去本来的色彩，成为不饱和的颜色了。

③ 明度　明度是指色彩的明亮程度。各种有色物体由于其反射光量的区别而产生颜色的明暗强弱差异。任何色彩均有其明暗关系，它是色彩关系的骨架，而且有其自身的美学价值和表现魅力（素描、黑白照片、黑白电影等）。没有明暗关系的构成，色彩会失去分量而显得苍白无力。只有介入明度变化的色彩才能展现出色彩的视觉冲击力和丰富的层次变化。

无彩色中，最高明度为白色，最低明度为黑色，灰色居中。人眼最大明度辨别力分为近200个等级层次，普通明度标准定在9级左右。色彩的明度变化往往会影响到纯度的改变。色彩的明度有三种情况：

一是同一色相不同明度。同一颜色加黑或加白后也能产生不同明度的层次。

二是各种颜色的不同明度。每一种纯色都有其相应的明度，黄色明度最高，蓝、紫色的明度最低，红、绿色的明度居中。

三是同一颜色在强光下显得特别明亮，在弱光照射下显得灰暗模糊。

3.1.1.4 色彩的三原色、间色与复色

（1）原色

原色亦称第一次色。在色相环中，红、黄、蓝三个基本色不能用其他色合成，我们把这三种色彩称为三原色。三原色是色彩混合中的基础色。

（2）间色

间色是由两种原色混合而成的，亦称第二次色。比如红+黄＝橙，黄+蓝＝绿，蓝+红＝紫，在此，橙、绿、紫称为间色。

（3）复色

复色又称第三次色，两间色相加即复色。例如，橙+绿＝橙绿，橙+紫＝橙紫，紫+

绿＝紫绿等。图3-1为伊顿十二色相环与色彩的三原色。

3.1.2 色立体及色彩的信息传递

为了认识、研究与应用色彩，人们将千变万化的色彩按照它们各自的特性，按一定的规律和秩序排列，并加以命名，这称为色彩的体系。色彩体系的建立，对于研究色彩的标准化、科学化、系统化以及实际应用都具有重要价值，它可使人们更清楚、更标准地理解色彩，更确切地把握色彩的分类和组织。

3.1.2.1 色彩体系与色立体

具体地说，色彩的体系就是将色彩按照三属性，即色相、纯度、明度，有秩序地进行整理、分类而组成的系统的体系。这种色彩体系借助于三维球体空间形式，来同时体现色彩的色相、纯度、明度之间的关系，因而又被称为"色立体"。它以无彩色为中心轴，顶端为白，底端为黑，中间是不同明度渐次变化的灰色，色相环呈水平分布状包围着中轴，整体呈圆形。色相环的各色与无彩色轴连接，表示彩度。靠近无彩色轴处彩度低；离无彩色轴愈远，彩度愈高（图3-2）。

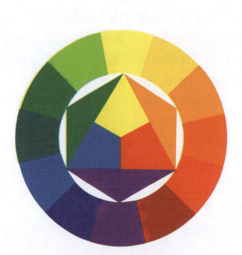

图3-1 伊顿十二色相环与色彩的三原色

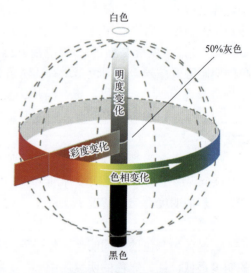

图3-2 色立体的基本骨架

目前比较通用的色立体有三种：孟赛尔色立体、奥斯特瓦德色立体、日本色彩研究所的色立体。应用最广泛的是孟塞尔色立体，现在所用的图像编辑软件的颜色处理部分大多源自孟赛尔色立体的标准。日本色彩研究所的色立体和孟塞尔色立体基本相似。

（1）孟塞尔色立体

孟塞尔色立体是由美国教育家、色彩学家、美术家孟塞尔创立的色彩表示法。

孟塞尔表示法是以色彩的三要素为基础。色相称为Hue，简写为H；明度叫作Value，简写为V；纯度为Chroma，简称为C。色相环是以红（R）、黄（Y）、绿（G）、蓝（B）、紫（P）心理五原色为基础，再加上它们的中间色相——橙（YR）、黄绿（GY）、蓝绿（BG）、蓝紫（PB）、红紫（RP）成为10色相，排列顺序为顺时针。再把每一个色相详细分为10等份，以各色相中央第5号为各色相代表，色相总数为一百。如5R为红，5YR为橙，5Y为黄等。每种基本色取2.5、5、7.5、10等4个色相，共计40个色相。色相环中相差180度的颜色是互补色。

孟塞尔所创建的颜色系统是用颜色立体模型表示颜色的方法。孟塞尔色立体是一个偏心的类似球体，把物体各种表面色的三种基本属性色相、明度、纯度全部表示出来。由于各种色相本身具有不同的明度，各种色相的最高饱和色不可能像"理想状态的色立体"那样都处于球体的赤道上，色相是随着明度的高低向顶端（北极）或底端（南极）偏移。目前国际上广泛采用孟塞尔颜色系统作为分类和标定表面色的方法。

孟塞尔颜色系统的中央轴代表无彩色黑白系列的明度等级，黑色在底部，白色在顶部，称为孟塞尔明度轴。它将理想白色定为10，将理想黑色定为0。孟塞尔明度值由0到10，共分为11个在视觉上等距离的等级。在孟塞尔系统中，颜色样品离开中央轴的水平距离代表饱和度的变化，称为孟塞尔彩度。彩度也是分成许多视觉上相等的等级。中央轴上的中性色彩度为0，离开中央轴愈远，彩度数值愈大。该系统通常以每两个彩度等级为间隔制作一颜色样品。各种颜色的最大彩度是不相同的，各色相的最高饱和色离中心明度轴的远近距离也不等。红色（5R）的彩度最高，共分为14个等级，它的最高饱和色离中心轴最远，而蓝绿色（5BG）的彩度最低，只有6个等级，它的最高饱和色离中心轴最近（图3-3～图3-6）。

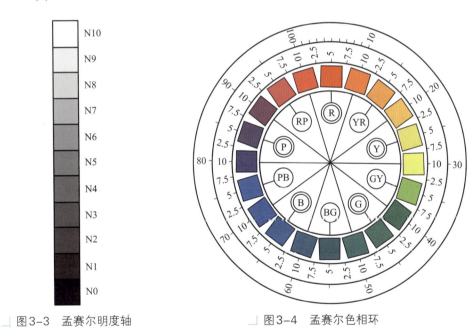

图3-3　孟赛尔明度轴　　　　图3-4　孟赛尔色相环

（2）奥斯特瓦德色立体

奥斯特瓦德色立体是由德国科学家、色彩学家奥斯特瓦德于1921年创立的，它以物理科学为依据。该色彩体系认为没有纯的颜色，所有的色彩都由纯色加一定比例的黑色和白色混合而成。这样，奥斯特瓦德推导出一个适用于任何颜色的公式：白量＋黑量＋纯色量＝100总色量。奥斯特瓦德色彩体系注重色彩的调和关系，主张调和就是秩序。

奥斯特瓦德色立体的色相环，是以赫林的生理四原色黄（Yellow）、蓝（Ultramarine-blue）、红（Red）、绿（Sea-green）为基础，将四色分别放在圆周的四个等分点上，使其成为两组补色对，然后再在两色中间依次增加橙（Orange）、蓝绿（Turquoise）、紫

（Purple）、黄绿（Leaf-green）四色相，总共8色相，最后每一色相再分为3色相，成为24色相的色相环。

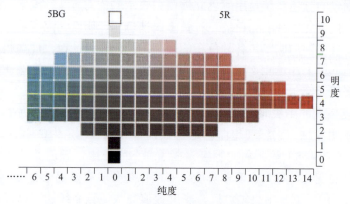

图3-5 孟赛尔色立体互补色相面

色相顺序顺时针为黄、橙、红、紫、蓝、蓝绿、绿、黄绿。取色相环上相对的两色，在回旋板上回旋，使其成为灰色，所以相对的两色为互补色，并把24色相的同色相三角形按色相环的顺序排列成为一个复圆锥体，这就是奥斯特瓦德色立体（图3-7）。

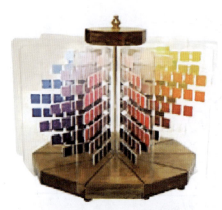

图3-6 孟塞尔色立体模型

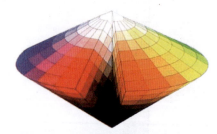

图3-7 奥斯特瓦德色立体模型

（3）日本色彩研究所的色立体

日本色彩研究所于1951年制定了标准色彩体系（Practical Color Coordinate System，PCCS），它是以24色相组成色环，表示法为：1红，2红味橙，3红橙，4橙，5黄味橙，6黄橙，7橙味黄，8黄，9黄味绿，10黄绿，11绿味黄，12绿，13绿味青，14绿青，15青味绿，16青，17青味紫，18青紫，19紫味青，20紫青，21紫，22红味紫，23紫味红，24红紫。此色环因注重等差感觉故称为等差色环。其中互为补色关系的色彩，不能在直径两端的位置。为了弥补这个缺点，另有专门的12色相补色色环。明度表示法是将黑定为10，白定为20，中间有9个阶段的灰色系列，共为11个阶段。纯度的表示与孟塞尔色立体相似，距离无彩色轴愈远，纯度比值愈大。但分割的比例与孟塞尔色立体有差别。色彩表示法是以色相、明度、纯度的顺序，列出三种数字。

色相的记号，采用了色相名的英文开头字母，将对色彩的形容以小写的形式加在前面。例如，1：pR、2：R、3：rR、4：rO、22：P、23：rP、24：RP等（图3-8、图3-9）。

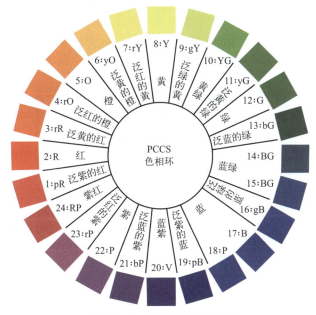

图3-8 日本PCCS色相环

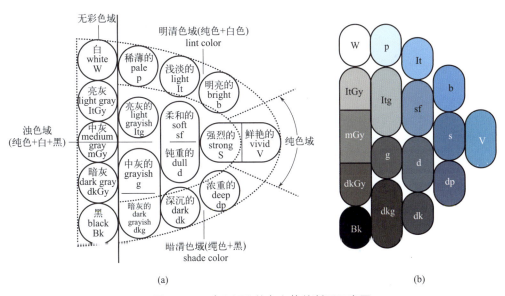

图3-9 日本PCCS的色立体丛断面示意图

3.1.2.2 色立体的用途

色立体的功能很多，它就像一本字典，可供查询、对照和参阅，为我们展示了一个可以直观感受的色彩世界。

① 色立体为人们提供了几乎全部的色彩体系，可以帮助人们开拓新的色彩思路。

② 由于色立体是严格按照色相、明度、纯度的科学关系组织起来的，所以它提示着科学的色彩对比、调和规律。

③ 建立一个标准化的色立体，会给色彩的使用和管理带来很大的方便，可以使色彩的标准统一起来。

④ 根据色立体，我们可以任意修改一幅绘画、设计作品的色调，并能保留原作品的

某些关系，取得更理想的效果。

总之，色立体能使人们更好地掌握色彩的科学性、多样性，使复杂的色彩关系在头脑中形成立体的概念，为更全面地应用色彩、搭配色彩提供根据（图3-10）。

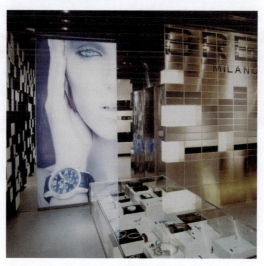

图3-10　色立体的设计运用

3.1.3　色彩的混合

（1）加色混合——色光混合

加色混合是指色光的混合形式，也称第一混合，是指当两种以上的色光混合在一起的时候，参加混合的色光明度提高，混合色的亮度相当于参与混合色光的明度之和。红、绿、蓝这三种色光分别作一定比例的混合，能够得到其他不同的各色光，但其他色光混合则不能产生红、绿、蓝这三种色光，因此这三种色光称为色光三原色。色光三原色相加后成为白色光，而其他颜色的光混合后又会产生不同颜色的光。色光混合突出的优势是色相改变而纯度并不下降，因此它被广泛应用于舞台灯光照明、环境灯光设计以及电子媒体和数字媒体设计中（图3-11）。

（2）减色混合——色料混合

减色混合是色料的混合形式，是指不同色彩颜料或染料的混合。参加混合的色料越多，色彩的感觉越混浊，明度、纯度越低，而其反射光就越被弱化，最后趋向暗浊或黑灰色。红色、黄色、蓝色这三种颜色通常被称为色料三原色，它们相加后能够成为黑色。设计色彩以及绘画调色混合，都属于减色混合的具体运用（图3-12）。

（3）中性混合——空间混合

中性混合也叫空间混合，也被称为并置混合。它是指将多种颜色并置于一起，在一定的视觉空间之外，能在人眼中造成混合的效果。中性混合不同于减色混合，它本身没有真正混合，而是反射光的混合，是基于人的视觉生理特征所产生的视觉色彩混合，色光或发光材料本身并不变化，因此色彩效果丰富、响亮、闪耀、生动（图3-13、图3-14）。

空间混合是通过人的视觉调和完成的，所以其混合必须借助于一定的空间距离才能完成，其需要的距离是由参加混合的色点或色块面积的大小决定的，点或块的面积越大，形成空间混合需要的距离越远。色彩并置产生的混合效果必须借助一定的视觉距离才会产生。新印象派的点彩画、胶版印刷、三维绘画以及电视显像就是利用了色彩空间混合的原理,混合出极其丰富而真实感极强的色彩画面。空间混合的构成训练对于认识色彩及色彩表现有着重要的视觉意义(图3-15～图3-18)。

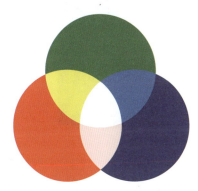

图3-11　加色混合

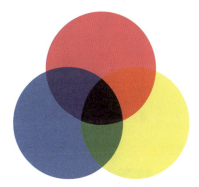

图3-12　减色混合

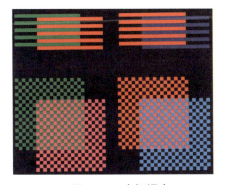

图3-13　空间混合

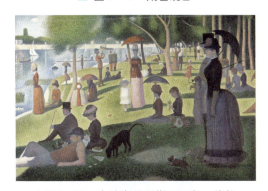

图3-14　大碗岛的星期天下午　修拉

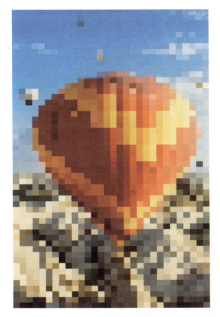

图3-15　空间混合设计(1)　陈琦

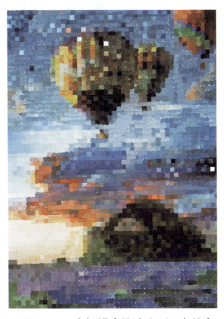

图3-16　空间混合设计(2)　卜梦鑫

87

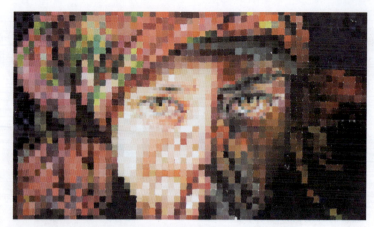

图3-17 空间混合设计（3） 韩云峰

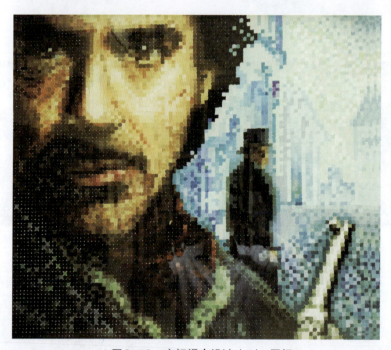

图3-18 空间混合设计（4） 周阔

3.2 色彩情感与人类心理

色彩运用的最终目的是表达和传递情感。色彩本身无所谓情感，这里所说的色彩情感只是发生在人与色彩之间的感应效果。

3.2.1 色彩的性格与直感性心理

色彩对人的头脑和精神的影响力是客观存在的。色彩的知觉力、色彩的辨别力、色彩的象征力与情感，这些都是色彩心理学上的重要问题。本节我们着重研究色彩的感觉及色彩的心理分析。

各种色彩都有其独特的性格，简称色性。不同的色彩与人类的色彩生理、心理体验相联系，从而赋予了客观存在的色彩各种复杂的性格。

（1）红色

红色的波长最长，穿透力强，感知度高。它易使人联想到太阳、火焰、血液、红花、红旗。从自然产生的景物到人工制造的各种物品，红色都使人感到兴奋、炎热、活泼、热情、健康、充实、团结、饱满。红色是我国传统的喜庆、吉祥的色彩。红色个性强又端庄，有挑战的意味，具有号召性，象征着革命，表现为一种积极向上的情绪。但有时也被看作是童稚、原始、暴力、危险的象征。

深红及带紫色的红让人感觉庄严、稳重，常见于欢迎贵宾的场合。含白的高明度粉红色，则有柔美、幸福、温雅的感觉，几乎成为女性的专用色彩。在搭配关系中，强烈的红色适合与黑、白及不同深浅的灰相搭配；红与适当比例的绿的组合富有生气，充满浓郁的民族韵味。

（2）橙色

橙与红同属暖色，具有红与黄之间的色性，可使观者脉搏加速，并有温度升高的感受。橙色是十分欢快活泼的光辉色彩，是暖色系中最温暖的色。橙色使人联想到火焰、灯光、霞光等，感觉活泼、华丽、辉煌、跃动、炽热、温情、甜蜜、愉快、幸福等，因此是一种富足的、欢乐而幸福的颜色，但也有疑惑、嫉妒等消极倾向性表情。

含灰的橙呈咖啡色。含白的橙呈浅橙色，俗称血牙色。两者与橙色本身都是服装中常用的甜美色彩，也是众多消费者，特别是妇女、儿童、青年喜爱的食品包装和服装色彩。

（3）黄色

黄色是亮度最高的色，在高明度下能保持很高的纯度。黄色灿烂、辉煌，有着太阳般的光辉，因此象征着照亮黑暗的智慧之光。黄色有着金色的光芒，因此又象征着财富和权力，是骄傲的色彩。在黑色或紫色的衬托下，黄色可以达到力量无限扩大的强度。但黄色过于明亮而显得刺眼，并且与其他色相混时易失去其原貌，故也有轻薄、不稳定、冷淡等消极含义。

含白的淡黄色让人感觉平和、温柔，含大量淡灰的米色或本白则是很好的休闲自然色，深黄色却另有一种高贵、庄严感。由于黄色极易使人想起许多水果的表皮，因此它能引起富有酸性的食欲感。高纯度黄色因为极易被人发现，常被用作安全色，如室外作业的工作服用色常为高纯度黄色。

（4）绿色

在自然界中，除了天空和江河、海洋，绿色所占的面积最大。绿色是大自然草木的颜色，几乎到处可见。绿色象征生命、青春、和平、安详、新鲜等。绿色最适应人眼的注视，有消除疲劳、调节视觉的功能。黄绿带给人春天的气息，颇受儿童及年轻人的欢迎。蓝绿、深绿是海洋、森林的色彩，有着深远、稳重、沉着、睿智等含义。含灰的绿，如土绿、橄榄绿、咸菜绿、墨绿等色彩，给人以成熟、老练、深沉的感觉，被人们广泛选用于军、警规定的服装色彩以及各种环境设计用色。

（5）蓝色

蓝色又称青色，与红、橙色相反，是典型的寒色。无论深蓝色还是淡蓝色，都会使人们联想到无限的宇宙和深邃的太空，因此，蓝色也是永恒的象征。蓝色是最冷的色，它使人联想到冰川上的蓝色投影。蓝色表示沉静、冷淡、理智、高深、透明等含义。随着人们对太空领域的不断开发，蓝色还有象征高科技的强烈现代感。当然，低纯度的蓝色也有其另一面的性格，如刻板、冷漠、悲哀、恐惧等。

浅蓝色系明朗而富有青春朝气，为年轻人所钟爱。深蓝色系沉着、稳定，为中年人普遍喜爱的色彩，其中略带暧昧的群青色，充满着动人的深邃魅力；藏青则给人以大度、庄重的印象。靛蓝、普蓝在民间广泛应用，似乎成了民族特色的象征。

（6）紫色

紫色有神秘、高贵、优美、奢华、庄重的气质。古希腊时期，紫色曾作为国王的专用色，以表示尊贵。格调高雅的紫色，又曾经成为英国王室的专属色系，其华贵优雅的特性别具一格。紫色系在欧洲流传很广。高洁艳丽的紫色现代被广泛采用。有时较暗或含深灰的紫，会给人以孤寂、消极、腐朽的印象。但含浅灰的红紫或蓝紫色，又有着类似太空、宇宙色彩的幽雅、神秘的时代感。

（7）黑色

黑色为无色相、无纯度之色，往往让人感觉沉静、神秘、严肃、庄重、含蓄，另外，也易让人产生悲哀、恐怖、不祥、沉默、消亡、罪恶等消极印象。尽管如此，黑色的组合适应性却极广，无论什么色彩，特别是鲜艳的纯色与黑色相配，都能取得赏心悦目的良好效果。但大面积使用时要注意明度与纯度的对比关系，否则会产生压抑、阴沉的恐怖感，使其色彩魅力大大减弱。

（8）白色

白色给人的印象是洁净、光明、纯真、朴素、卫生、恬静等。在白色的衬托下，其他色彩会显得更鲜丽、更明朗。但过多采用白色而不注意色相与明度对比关系，可能产生平淡无味的单调、空虚之感。

（9）灰色

灰色是中性色，其突出的性格为柔和、细致、平稳、朴素、大方，它不像黑色与白色那样会明显影响其他的色彩。因此，灰色作为背景色彩非常理想。任何色彩都可以和灰色相混合，略有色相感的含灰色能给人以高雅、细腻、含蓄、稳重、精致、文明而有素养的高档感觉。当然，滥用灰色也易暴露其乏味、寂寞、忧郁、无激情、单调的一面。

（10）光泽色

除了金、银等贵金属色以外，所有色彩带上光泽后，都有其华美的特色。金色富丽堂皇，象征荣华富贵、名誉、忠诚；银色雅致高贵，象征纯洁、信仰，比金色温和。它们与其他色彩都能配合，几乎达到"万能"的程度。小面积点缀，具有醒目、提神作用；大面积使用则会产生过于炫目的影响，显得浮华而失去稳重感。但若巧妙使用，可产生强烈的高科技现代美感。

3.2.2　色彩的联想与象征

（1）色彩的联想

当我们看色彩时，常常想起以前与该色相联系的色彩，这种因某种机会而仍然出现的色彩，我们就称之为色彩的联想。色彩的联想可分为具体的联想与抽象的联想。一般来说，儿童多具有具象联想，成年人较多抽象联想。

① 具体的联想

红色：可联想到火、血、太阳、红旗……
橙色：可联想到灯光、柑橘、秋叶、果汁……
黄色：可联想光、柠檬、香蕉、迎春花……
绿色：可联想到草地、树叶、禾苗……
蓝色：可联想到天空、水、海、湖……
紫色：可联想到丁香花、葡萄、紫藤、茄子……
黑色：可联想到夜晚、墨、炭……
白色：可联想到白云、白糖、面粉、雪……
灰色：可联想到乌云、草木灰、树皮……

② 抽象的联想

红色：可联想到热情、革命、危险、活力、喜庆……
橙色：可联想到温暖、欢喜、甜美、嫉妒……
黄色：可联想到光明、希望、快活、平凡……
绿色：可联想到和平、安全、生长、新鲜……
蓝色：可联想到平静、悠久、理智、深远……
紫色：可联想到优雅、高贵、庄重、神秘……
黑色：可联想到严肃、刚健、坚实、恐怖、死亡……
白色：可联想到纯洁、神圣、清净、光明……
灰色：可联想到平凡、失意、忧郁、谦逊……

色彩的联想是通过过去的经验、记忆或知识而取得的，受到观察者年龄、性别、性格、文化、教养、职业、民族、宗教、生活环境、时代背景、生活经历等各方面因素的影响。具象联想是人们看到某种色彩后，会联想到自然界、生活中某些相关的事物。这些色彩的联想多次反复，几乎固定了它们专有的表情，于是该色就变成了该事物的象征意义。抽象联想是指人们看到某种色彩后，会联想到理智、高贵、吉祥等某些抽象概念。在设计与创作中，艺术家常常借助于不同色彩的联想象征传达其作品的个性特征和审美价值（图3-19、图3-20）。

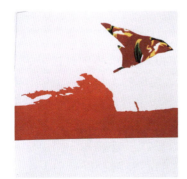
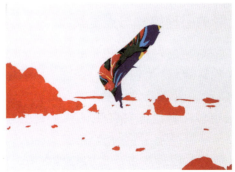

图3-19　意象山水　张红梅

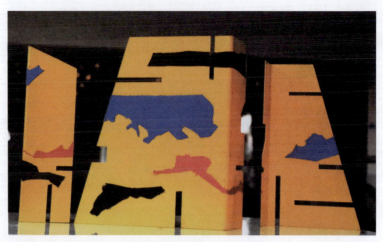

图3-20 张红梅艺术作品

（2）色彩的象征

使用特定的色彩来表示特定的内容，这就是色彩的象征。色彩的象征是通过社会、历史、宗教、风俗、意识形态体现出来的，在不同的民族、不同的地域又各有差异。在古罗马时代，用不同颜色的服装来区分不同的职业，例如，白色服装是占卜者，绿色服装是医护人员，青色服装是哲学家，黑色服装是神学家。古希腊时期，紫色又作为国王的专用色，代表着尊贵。在中世纪基督教的色彩象征主义中，白色象征着上帝，意味着灵魂的纯洁；红色象征着上帝的爱和殉教；绿色象征着希望；蓝色象征着神圣；紫色象征着权威；黄色象征着谦让；黑色象征着邪恶与黑暗。19世纪中叶，维多利亚女王曾身着紫色服装出席了万国博览会。

中国古代盛行阴阳五行之说，用阴阳五行对应着四时、四方来说明世间万物的生消与循环，并且还用五种颜色象征了阴阳五行，这就是中国古代的五色说。五色，即"青、赤、黄、白、黑"。青色象征东方、龙、春天、草木；赤为红，象征着南方、朱雀、火、太阳；黄色对应中央，表示中正的义理；白色象征着西方、虎、秋天、风；黑色象征着北方、龟蛇、冬天、寒气。五色说在中国占据着重要的地位，尤其是在民俗、服饰、建筑等社会意识形态方面，五色说始终是精神的指导，皇帝的服装是专用的黄色，象征着尊贵，古代百姓和官员都不能使用。因此可以说，色彩的象征在中国传统的哲学思想与美学中，具有非常重要的意义。

3.2.3 色彩的心理感知与通觉情感

色彩的直接心理效应来自色彩的物理光刺激对人的生理产生的直接影响。心理学家对此曾做过许多实验。他们发现，在红色环境中，人的脉搏会加快，血压有所升高，情绪兴奋冲动。而人处在蓝色环境中，脉搏会减缓，情绪也较沉静。有的科学家发现，颜色能影响脑电波，脑电波对红色的反应是警觉，对蓝色的反应是放松。自19世纪中叶以后，心理学家注重实验所验证的色彩心理的效果。五官感知，如视觉、嗅觉、味觉、听觉，都会对色彩产生一定的心理影响。色彩的心理感觉以视觉为先，其他感知为辅。

（1）色彩的冷、暖感

冷色与暖色是依据心理错觉对色彩的物理性分类。对于颜色的物质性印象，大致由冷、暖两个色系产生。色彩本身并无冷暖的温度差别，是视觉色彩引起人们对冷暖感觉的心理联想。这是一种最普遍的知觉经验，这种经验来源于人对光的体验。不同颜色的光的波长（色相）是不同的，紫光波长最短，红光波长最长。长波系列的色彩，如红光和橙、黄色光，让人有暖感。相反，波长相对较短的紫色光、蓝色光、绿色光，让人有寒冷的感觉。

① 暖色　人们见到红、红橙、橙、黄橙、红紫等色后，会联想到太阳、火焰、热血等物象，产生温暖、热烈、危险等感觉（图3-21）。

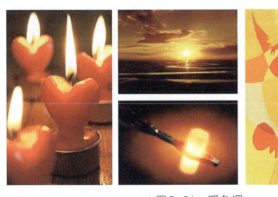

图3-21　暖色调

② 冷色　人们见到蓝、蓝紫、蓝绿等色后，很易联想到太空、冰雪、海洋等物象，产生寒冷、理智、平静等感觉（图3-22）。

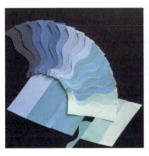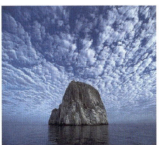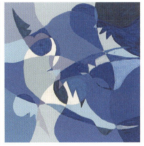

图3-22　冷色调

色彩的冷暖感觉，不仅表现在固定的色相上，而且在比较中还会显示其相对的倾向性。如同样表现天空的霞光，用玫红画早霞那种清新而偏冷的色彩，感觉很恰当，而描绘晚霞则需要暖感强的大红了。色彩的冷暖是相比较而言的，若与橙色对比，前面两色又都加强了寒感倾向。

③ 中性色　绿色和紫色是中性色。黄绿、蓝、蓝绿等色，使人联想到草、树等植物，产生青春、生命、和平等感觉。紫、蓝紫等色使人联想到花卉、水晶等稀贵物品，故易产生高贵、神秘的感觉。至于黄色，一般被认为是暖色，因为它使人联想到阳光、光明等，但也有人视它为中性色。当然，同属黄色相，柠檬黄显然偏冷，而中黄则让人感觉偏暖。

（2）色彩的前、后感

由于各种不同波长的色彩在人眼视网膜上的成像有前后，因此，红、橙等波长相对较长的色感觉就比较迫近，蓝、紫等波长相对较短的色则在同样距离下感觉就比较后退。通过对比，暖色、纯色、高明度色、强烈对比色、大面积色、集中色等有前进感觉；相反，冷色、浊色、低明度色、弱对比色、小面积色、分散色等有后退感觉，当然，这也是视错觉的一种现象（图3-23）。

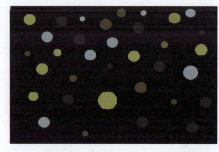 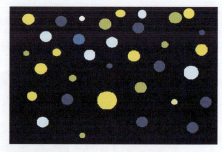

图3-23　色彩的前、后感

（3）色彩的大、小感

由于色彩有前、后的感觉，因而暖色、高明度色等有扩大、膨胀感，冷色、低明度色等有显小、收缩感。例如法国国旗的红、白、蓝三色条纹，开始设计的宽度完全相等，但当其升到空中后，感觉三色条纹宽度显得不同了。为此，设计者专门招集色彩学家们共同研究，最后才知道这与色彩的膨胀感和收缩感有关。当将三色条纹宽度比例调整为红35、白33、蓝37时，才感到宽度相等了（图3-24、图3-25）。

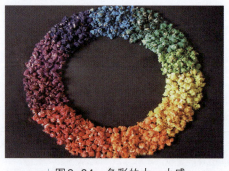 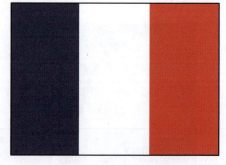

图3-24　色彩的大、小感　　　　　　　　　　图3-25　法国国旗

（4）色彩的软、硬感

色彩的软、硬感觉主要来自色彩的明度，但与纯度亦有一定的关系。如淡的亮色使人觉得柔软，暗的纯色则有强硬的感觉。色彩明度越高，感觉越软；明度越低，则感觉越硬。明度高、纯度低的色彩有软感，中纯度的色也呈柔感，因为它们易使人联想到动物的皮毛，还有毛呢、绒织物等。在无彩色系中，黑色具有坚硬的感觉，浅灰和白则有柔和感。高纯度和低纯度的色彩都呈硬感，如明度越低，则硬感更明显（图3-26）。

（5）色彩的轻、重感

颜色的重量感主要取决于色彩的明度，明色给人以轻的感觉，暗色给人以重的感觉。明度高的色彩使人联想到蓝天、白云、烟雾、彩霞及花卉，还有棉花、羊毛等，产生轻柔、飘浮、上升、敏捷、灵活等感觉。明度低的色彩易使人联想到钢铁、山石等物品，产生沉重、稳定、降落等感觉。此外，色彩的重量感还与色彩表面的质地感觉有关，表面光滑均匀的色彩显得轻，表面毛糙的色彩则显得重（图3-27）。

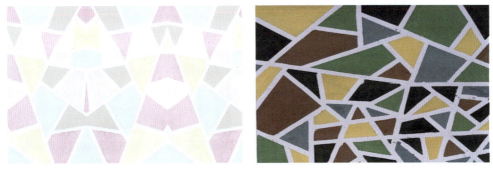

图3-26　色彩的软、硬感　石洪娇

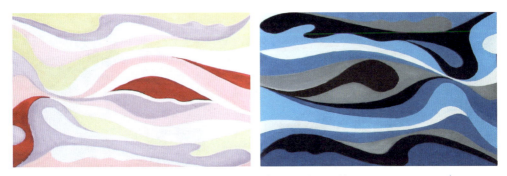

图3-27　色彩的轻、重感　孙笺

（6）色彩的兴奋、活泼与沉静、庄重感

色彩的活泼、兴奋与沉静、庄重感取决于色相冷暖、灰纯、明度与色彩对比的强与弱。暖色、高纯度色、强对比色感觉跳跃、活泼、有朝气，冷色、低纯度色、低明度色以及色彩关系对比弱的感觉庄重、严肃。在色彩三要素中，色相和纯度对于色彩的兴奋感和沉静感影响最大，色彩纯度高的，使人感觉活泼多彩。红、橙、黄等鲜艳而明亮的色彩给人以兴奋感，蓝、蓝绿、蓝紫等色使人感到沉着、平静。高纯度色显得有兴奋感，低纯度色显得有沉静感。最后是明度，暖色系中高明度、高纯度的色彩呈兴奋感，低明度、低纯度的色彩呈沉静感（图3-28）。

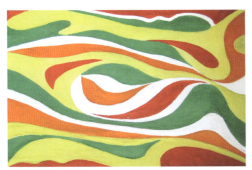 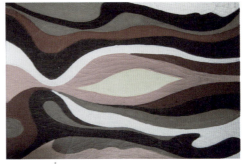

图3-28　色彩的兴奋、活泼与沉静、庄重感

（7）色彩的华丽、质朴感

色彩的三要素对华丽及质朴感都有影响，其中纯度影响最大。纯度高、强对比的色彩感觉华丽、辉煌、丰富，纯度低、明度低、弱对比的色彩感觉单纯、质朴、古雅。但无论何种色彩，质感都很重要，设计中如果带上有光泽闪烁的质地就能获得华丽的效果。金色与银色配置在色彩设计中，都会使作品产生华丽感（图3-29、图3-30）。

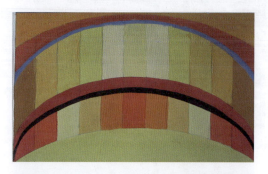
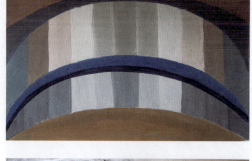

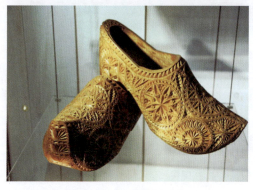
图3-29 色彩的华丽感

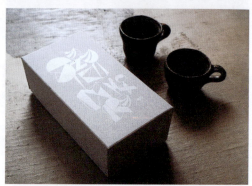
图3-30 色彩的质朴感

（8）色彩的味觉感

色彩的味觉感多是以生活中品尝经验所得的色彩的通觉。色彩的酸、甜、苦、辣、咸多来自其代表性食品的色彩。如黄粉红色的奶油蛋糕和纯度较高的橙色的水果多有甜的味觉；黄绿色的橘子、酸梅多有酸的味觉；棕咖色的咖啡和中药、烧焦的食品色多有苦的味觉；红色的辣椒都有辣的特点；未成熟的果子又会引发涩涩的感觉。设计中的食品包装色常常使用与食品味觉相符合的关联色以引发食欲，促进消费（图3-31）。

（9）色彩的音乐感

西方的艺术家曾经对音乐中乐器与声音的高低和美术中色彩的关系进行比照，并进行了精彩的描述。康定斯基曾有趣地"用耳朵倾听色彩，用眼睛观望声音"。某些色彩可以唤起对某些乐音的联想：明亮的黄色像刺耳的喇叭声，淡蓝色类似长笛的声音，深蓝色像低音大提琴的声音，绿色接近小提琴纤弱的中间音，红色给人以强有力的击鼓印象，紫色相当于一组木管乐器发出的低沉音响……音乐家又以弦乐对应黑色，以木管对应蓝色，以铜管对应红色，以乐器关联色彩，比拟音色的视觉情感。设计中，我们常通过强烈的鲜纯色比拟尖锐高昂的音乐感，以暗浊色比拟低沉浑厚的音乐感，以明亮柔和的色彩关系表现抒情优美的旋律。色彩对音乐的影响是很直接的，设计中图形与色彩的巧妙结合，能够产生不同的音乐旋律（图3-32）。

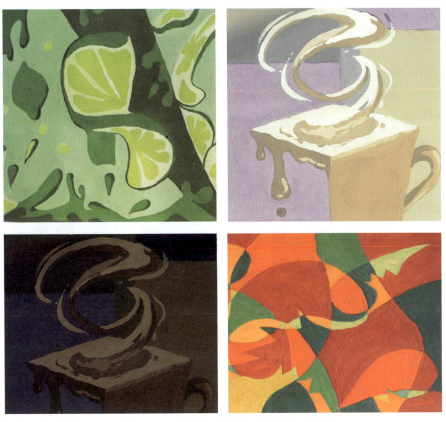

图3-31 色彩的味觉感 高永怡 郑佳怡

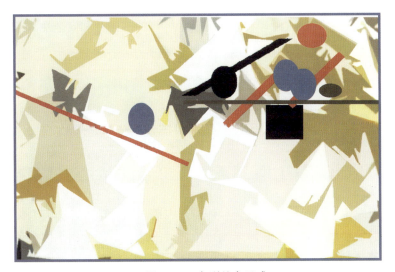

图3-32 色彩的音乐感

3.2.4 色彩与视知觉现象

（1）同时对比与连续对比

同时对比和连续对比都是在视觉中发生的色彩现象，都属于色彩的错觉。

同时看到两种色彩所产生的对比现象叫同时对比。同时对比是发生在同一时间、同一视域之内的色彩对比,这种情况下,色彩的比较、衬托、排斥与影响作用是相互依存的。如相同的两块灰色,分别放置在蓝底上和红色底上,我们在观看时会发现,蓝底子上的灰色呈现出有红味灰,红色底子上面的灰色显得有蓝味灰,出现所谓补色错视。再如在黑纸上涂一灰色小方块,在白纸上涂一同样面积及深浅的灰色小方块,同时对比的视觉感受是黑纸上的灰色更显明亮,白纸上的灰色更显暗淡,形成所谓明度错视。因此,色彩的物理性真实与观看到的真实是有差异的,会受到环境和背景的影响,而产生色彩错觉(图3-33)。

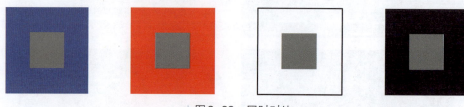

图3-33　同时对比

色彩对比发生在不同时间、不同视域,先看到了某种颜色,然后再看另外的色彩,会产生视觉的残觉现象,但又保持了快捷的时间连续性,这种对比现象叫连续对比。如人眼首先注视了第一色红色的长方形一定时间后,然后再看第二色白色时,第二色白色会发生绿色长方形的色彩错视,第二色的错视倾向于前者的补色(图3-34)。这种现象是视觉残像及视觉生理、心理自我平衡的本能所致,第一色看得时间越长,影响越大。如医院中手术室环境及开刀医护人员工作服都选用蓝绿色,显然是为了"中和"血液的红色,巧妙地利用色彩的连续对比,使医生注视了蓝绿色后,不但可减少、缓解视觉的疲劳,同时更易看清细小的血管、神经等,从而有利于保证手术进行的准确性和安全性。

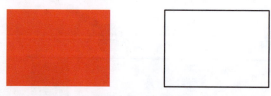

图3-34　连续对比

无论是同时对比还是连续对比,只要改变一块色彩的背景,就能使该块色彩面貌产生变化与错觉。英国艺术家约翰·拉斯金曾说:"整幅画上每一处色彩都会由于你在另一个地方加上一笔而发生变化。所以,在一秒钟前还表现出暖的地方,会因为你在另外一个地方画上了更暖的色彩而变得冷了;原来画得很协调的地方,也会由于你在旁边加上另一种颜色而显得与整体画面格格不入。"因此色彩的各种属性会由于周围色彩的对比而发生相对改变,设计中要注意色彩的错觉带来的视觉影响。

(2)色彩的适应性与色彩的易见度

在不同的条件和光线下,视觉会产生不同的适应现象,如明适应、暗适应、色适应等。色适应是眼睛看到鲜艳的色彩,久看后也会感到色彩的鲜艳度降低,形成色相的纯度改变,就像人们从黑暗的光线下瞬间走进明亮的光照环境中,会产生视觉的明适应现象一样。

色彩的易见度与光的明亮程度密切相关。光线弱，色彩的易见度会降低；光线太强，眼睛也会产生炫目感，影响色彩的易见度。人的眼睛对色彩的辨别能力是有一定限度的。色与色之间的色相、明度、纯度差异越大，易见度越高，反之，易见度降低。如白纸黑字感觉识别性强，易见度高；白纸淡灰色或淡黄色字则易见度低，识别性弱，辨别困难。色彩的易见度与明度的图底对比度关系最大，易见度高的色彩底色和图形色的色彩对比从高到低排列为黑黄、黄黑、黑白、紫黄、紫白、蓝白、绿白、黄绿、黄蓝（图3-35）；易见度低的色彩对比有黄白、白黄、黑紫等明度弱对比色彩。其次，纯度高，易见度高；纯度低，易见度低。色彩的易见度与设计色彩的面积也有关，色彩面积大，易见度高；色彩面积小，易见度低（图3-36）。

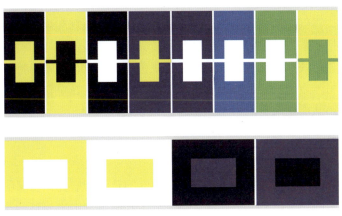

图3-35　色彩的易见度（1）

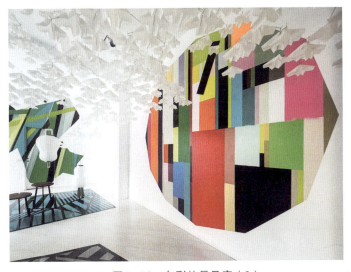

图3-36　色彩的易见度（2）

综上所述，研究色彩心理感知与通觉情感、视知觉现象与色彩的联想象征，对于色彩的设计和应用具有十分重要的意义，可以帮助我们在生活中创造舒适的环境，增加生活的乐趣。如住宅采用明快的配色，能给人以宽敞、舒适的感觉；娱乐场所采用华丽、兴奋的色彩，能增强欢乐、愉快、热烈的气氛。恰当地使用色彩对比装饰室内空间，在工作上能减轻疲劳，提高工作效率。甚至在医学上，也能够通过合理使用色彩达到一定的辅助治疗效果。研究表明，在医学上，蓝色有利于外伤病人克制冲动和烦躁的情绪，绿色有利于病人休息等。医院采用清新明洁的配色能为病人创造安静、清洁、卫生的环境。货物包装箱用浅色粉刷，可以减轻搬运工人心理上的重量负担。色彩配色易见度高，能够有效传递设计视觉信息，红与绿、黄与蓝、黑与白等对比强烈的配色容易引人注目，用于交通信号、安全标志，可以避免发生事故；用于商品包装广告，可以引人注意，增强宣传效果。

3.3　色彩构成的原理与方法

色彩的采集与重构的构成方法，是在对自然色和人工色彩进行观察、学习的前提下，进行分解、组合、再创造的构成手法，也就是将自然界的色彩和由人工组织过的色彩进行采集、分析、概括、重构的过程。一方面是分析其色彩组成的色性和构成形式，保持原来的主要色彩关系与色块面积比例关系，既保持主色调、主意象的精神特征，又注意色彩气氛与整体风格。另一方面，打散原来色彩形象的组织结构，在重新组织色彩形象时，注入自己的表现意念，从而构成新的形象和新的色彩形式。

3.3.1　色彩的采集

色彩采集的目的在于提取色彩要素并进行独立的认识和研究，在深层次的色彩分析中获得客观自然色彩的经验。从天空、从大地、从平凡的事物中去观察、发现别人没有发现的美，逐步去认识客观色彩中美好的色彩关系，借鉴美好的形式，将原色彩从限定的状态中提取出来，注入新的思维，重新构成，达到完整的、独立的、富有某种意义的创作目的。

色彩的采集范围相当广泛。一方面，借鉴古老的民族文化遗产，从一些原始的、古典的、民间的、少数民族的艺术中寻求灵感；另一方面，从变化万千的大自然中、从那些异国他乡的风土人情中、从各类文化艺术和艺术流派中汲取养分。

（1）对自然色的采集

古希腊哲学家赫拉克利特说："艺术模仿自然。"师法自然本身就是人类的一种提高自身审美修养的自发和有效的途径。历来许多艺术家长期致力于大自然色彩的研究，对各种自然色彩进行提炼、归纳、分析，从取之不尽、用之不竭的大自然中捕捉艺术灵感，吸收艺术营养，开拓新的色彩思路。

浩瀚的大自然的色彩，丰富多彩，变幻无穷，如蔚蓝的海洋、金色的沙漠、苍翠的山峦、灿烂的星光……具体的，有春、夏、秋、冬的色彩，还有晨、午、暮、夜的色彩，有植物色彩、矿物色彩、动物色彩、人物色彩等，这些美丽的色彩能引起人们美好的情感。我们必须多留心，通过观察和分析，去探索和发现它们独特的色彩规则，通过采集和重构，把大自然的色彩美彰显出来，并从中汲取养料，积累配色经验（图3-37）。

（2）对民间色和传统色的采集

民间色，是指民间艺术作品中呈现的色彩和色彩感觉。民间艺术品包括剪纸、皮影、年画、布玩具、刺绣等流传于民间的作品。这些无拘无束的自由创作中，寄托着民间艺人真挚纯朴的感情，流露着浓浓的乡土气息与人情味。在今天看来，这些民间艺术品既原始又现代，极大地诱发了画家与设计师的创造性。

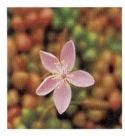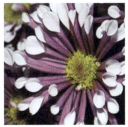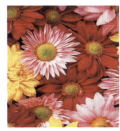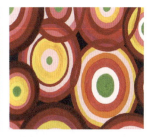

图3-37　自然界中植物斑斓色彩的采集与重构　郑帆

所谓传统色，是指一个民族世代相传的、在各类艺术品中具有代表性的色彩特征。我国的传统艺术品包括原始彩陶、商代青铜器、汉代漆器、陶俑、丝绸、南北朝石窟壁画、唐代铜镜、唐三彩陶器、宋代陶器等。这些艺术品均带着不同时代的科学文化烙印，各具典型的艺术风格，同时具有和谐的色彩主调和不同品位的艺术特征。这些优秀文化遗产中的许多装饰色彩都是我们今天学习的好范本（图3-38）。

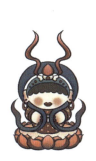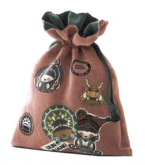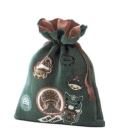

图3-38　沙漠高地对传统色的采集与重构　王赛

（3）对图片色的采集

图片色指各类彩色印刷品上的摄影色彩与设计色彩。图片内容可能是繁华的都市夜景，也可能是平静的湖水；可能是秋林的红叶，也可能是红花绿草；可能是高耸的现代建筑物，也可能是沧桑的古城墙……图片的内容可以包揽世上的一切，不管它的形式和内容怎样，只要色彩美，就值得我们借鉴，就可以作为我们采集的对象。

除上述内容外，绘画色也值得我们学习和借鉴。从水彩到油画，从传统古典色彩到现代印象派色彩，从拜占庭艺术的色彩到现代派艺术的色彩，从蒙德里安的冷抽象到康定斯基的热抽象等，都能够作为我们的色彩采集信息（图3-39）。

3.3.2　采集色的重构设计

重构指的是将原来物象中美的、新鲜的色彩元素注入到新的组织结构中，使之产生新的色彩形象。色彩重构练习也是一个再创造过程。对同一物象的采集，因采集人对色彩的理解和认识不一样，也会出现不同的重构效果。如有人偏向于分析原作色彩组成的色性和特征，保持原来的主要色彩关系与色块面积比例关系，保留主色调、主意象的精神特征以及色彩气氛与整体风格；有人则是偏重于打散原来色彩形象的组织结构，在重新组织色彩形象时，注入自己的表现意念，构成新的色彩形式和意象（图3-40）。

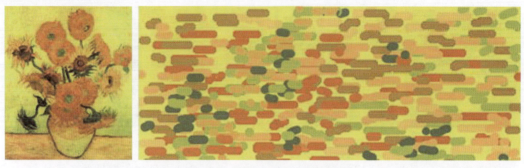

图3-39　对图片色的采集与重构

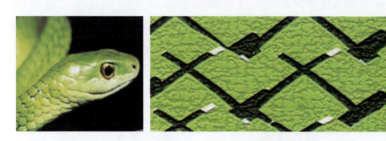

图3-40　蛇的色彩采集与重构

（1）整体色不按比例重构

整体色不按比例重构是指将色彩对象完整采集下来，选择典型的、有代表性的色不按比例重构。这种重构的特点是既有原物象的色彩感觉，又有一种新鲜的感觉。由于比例不受限制，可将不同面积大小的代表色作为主色调（图3-41）。

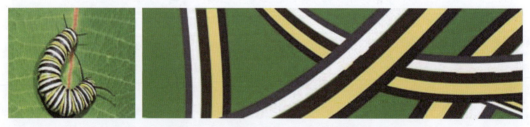

图3-41　昆虫的整体色不按比例重构

（2）整体色按比例重构

整体色按比例重构是将色彩对象（自然的和人工的）完整地采集下来，按原色彩关系和色彩面积比例，做出相应的色标，按比例运用在新的画面中。其特点是主色调不变，原物象的整体风格基本不变（图3-42）。

（3）部分色的重构

从采集后的色标中选择所需的色进行重构，可选某个局部色调，也可抽取部分色。其特点是更简约、概括，既有原物象的影子，又变得更加自由、灵活。

（4）形、色同时重构

形、色同时重构是根据采集对象的形、色特征，经过对形概括、抽象的过程，在画面中重新组织的构成形式。这种方法效果较好，更能突出整体特征（图3-43）。

（5）色彩情调的重构

根据原物象的色彩情感、色彩风格做"神似"的重构，重新组织后的色彩关系和原物象非常接近，尽量保持原色彩的意境。这种方法需要作者对色彩有深刻的理解和认识，这样才能使重构后的色彩更具感染力。采集重构练习是一个再创造过程，就像是一把打开色彩新领域大门的钥匙，它可以教会我们如何发现美、认识美、借鉴美，直到最终表现出美。对同一物象的采集，因采集人对色彩的理解和认识不一样，也会出现不同的重构效果（图3-44）。

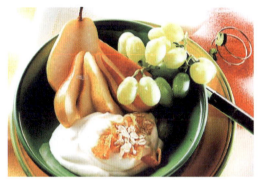
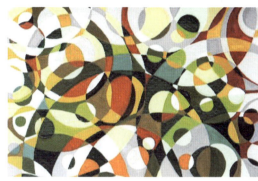

图3-42　整体色按比例重构　陈尧

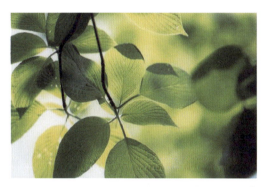
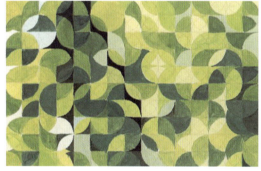

图3-43　形、色同时重构　梅丽

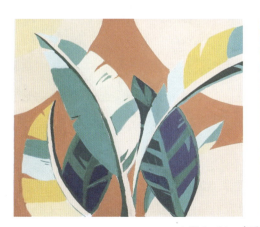
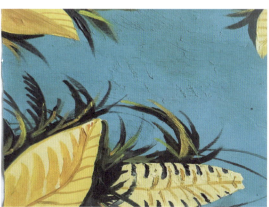

图3-44　色彩情调的重构　陈欣悦

3.4　色彩的对比与构成

3.4.1　色相对比

色相环上的任意两色或者三色并置在一起，因它们的差别而形成的色彩对比现象，称色相对比。色彩对比的强弱程度取决于不同色相在色相环上的距离（角度），色相对比距离（角度），为180度时，对比最强；距离（角度）越小，则对比越弱。不同程度的色相对比会有不同的对比效果。色相对比是给人类带来色彩知觉的重要手段，有利于增加视觉的判断力，同时，也可以丰富色彩感受，满足人们对色彩的不同要求（图3-45）。

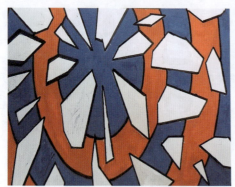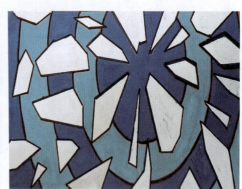

图3-45　色相对比（1）

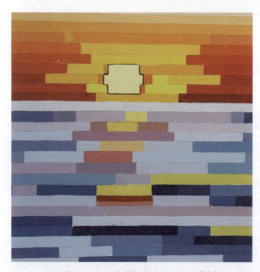

图3-46　色相对比（2）　谢娇

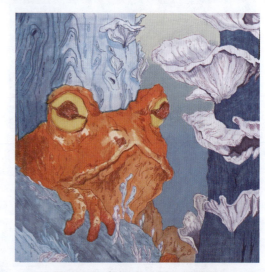

图3-47　色相对比（3）　祖铭悦

（1）同种色相对比

24色相环中，每种颜色为15度。色立体中一个单色相面的色彩对比组织称同种色对比，是指一种色相的不同明度或不同纯度变化的对比，如蓝与浅蓝（蓝+白）色对比，绿与粉绿（绿+白）、墨绿（绿+黑）对比。同种色对比效果简洁大方、单纯、统一、文静、雅致、含蓄，但要注意调整好纯度和明度关系，否则极易显得单调乏力（图3-48、图3-49）。

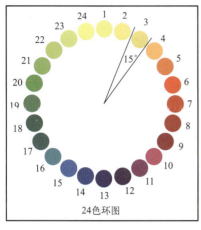
图3-48 24色相环

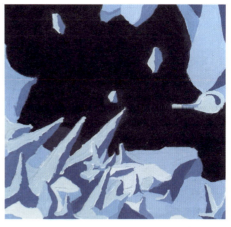
图3-49 同种色相对比 高宏伟

（2）邻接色相对比

在24色相环上相邻的二至三色对比，色相距离为30～45度，为弱对比类型，效果感觉柔和、和谐、文静、雅致，但也感觉单调、平淡，如蓝色与蓝紫色对比、黄色与黄橙色对比等。可以通过调节明度、纯度差来加强色彩对比效果（图3-50）。

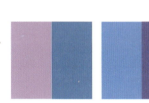 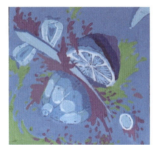 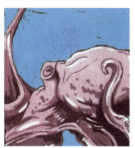

图3-50 邻接色相对比

（3）类似色相对比

在24色相环上间隔在60度之间的颜色对比，为较弱对比类型，效果较丰富、活泼，但又不失统一、雅致、和谐的感觉，如红与橙对比、黄与绿对比等（图3-51）。

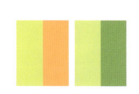 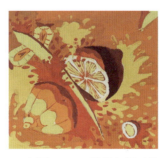 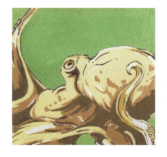

图3-51 类似色相对比

（4）中差色相对比

在24色相环上间隔约90度的色相对比，它介于类似色相与对比色相之间，为中对比类型，效果明快、活泼、饱满，使人兴奋，感觉有兴趣。对比既有相当的力度，又不失调和之感，如绿与蓝紫对比、红与黄对比、绿与橙黄对比等（图3-52）。

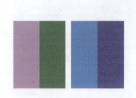 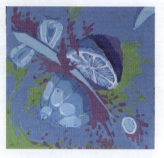 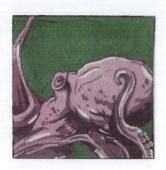

图3-52　中差色相对比

（5）对比色相对比

在24色相环上对比距离约120度，为强对比类型，效果鲜明、强烈、醒目、有力、饱满、活泼、丰富，但易感杂乱、刺激，造成视觉疲劳，如黄与蓝对比、绿与橙对比等。一般需要采用多种调和手段来改善对比效果（图3-53）。

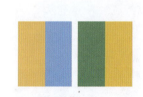 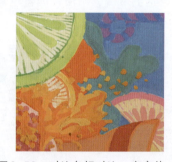 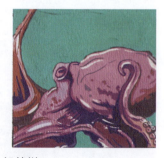

图3-53　对比色相对比　高宏伟　祖铭悦

（6）补色对比

在24色相环上对比距离为180度，为极端对比类型，如红与绿对比、黄与紫对比、蓝与橙对比等。效果强烈、炫目、响亮、极有力，但若处理不当，易产生幼稚、原始、粗俗、不安定、不协调、过分刺激等不良感觉。它适合于较远距离的设计，使你在短短的距离时间内获得一种色彩的印象，如街头广告、标志、橱窗、商品包装等。补色调和在色相对比中最难处理，它需要较高的配色技能（图3-54）。

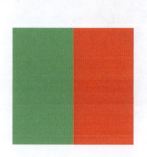 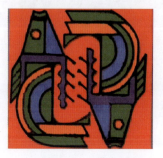 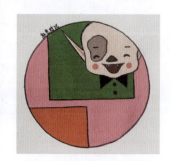

图3-54　补色对比

对色相对比学习、了解之后，我们要有目的地控制和安排不同强弱的色彩对比效果，并注意形态和面积的比例分配以及无彩色黑、白、灰在画面中的调节作用,注意色彩的图式语言。

3.4.2 明度对比

明度对比就是将不同明度的色彩并列在一起,使明的更明、暗的更暗的现象。明度的差别可能是一种颜色的明暗对比,也可能是多彩色的明暗对比。人眼对明度的对比最敏感,明度对比对视觉的影响力也最大、最基本。

(1)明度阶梯

在色彩对比中,理解、掌握明度对比关系是至关重要的。黑、白、灰决定着画面的基调,明度之间不同量、不同程度的对比具有创造多种色调的可能性。而调子本身又具有很强的塑造力,如空间感、光感、层次感等。因此,明度对比是色彩对比的一个重要方面,它对画面是否明快、形象是否清晰起着关键性的作用。

① 无彩色的明度对比 无彩色对比虽然无色相,但它们的组合在设计方面很有价值,如黑与白,黑与灰,中灰与浅灰,或黑与白、灰,黑与深灰、浅灰等。对比效果感觉大方、庄重、高雅而富有现代感。加大明度对比度能够避免产生过于素净的单调感(图3-55)。

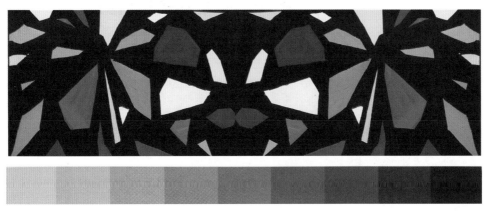

图3-55 无彩色对比 张开元

以黑、白、灰系列的9个明度阶梯为基本标准,可进行明度对比强弱的划分。如图3-56所示,靠近白的3级(7、8、9)称高调色,也就是高明度基调;靠近黑的3级(1、2、3)称低调色,也就是低明度基调;中间的3级(4、5、6)称中调色,也就是中明度基调。

② 有彩色的明度对比 有彩色的明度对比中,色彩间明度差别的大小决定着明度对比的强弱。三个阶梯以内的对比为明度弱对比,由于这种对比关系在明度轴上距离比较远,又称短调对比;五个阶梯以外的对比称为明度强对比,由于这种对比关系在明度轴上距离比较远,又称为长调对比;三个阶梯以外、五个阶梯以内的对比称明度中对比,又称中调对比。选用某一彩色,在其中加入不同比例的黑、白、灰,也会形成不同的明度阶梯和明度基调(图3-57、图3-58)。

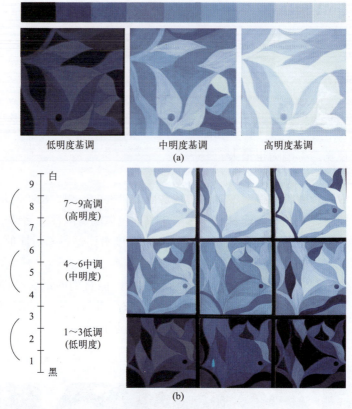

图3-56 明度基调与明度构成　王孟金　王赛

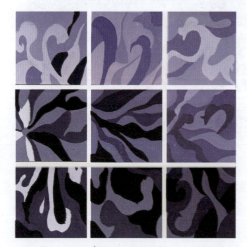

图3-57 明度对比构成（1）陈艺文

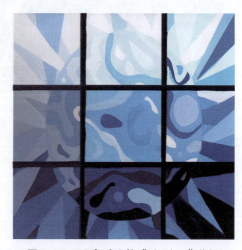

图3-58 明度对比构成（2）曹燕妮

（2）10种明度对比调子

在明度对比中，如果其中面积最大、作用也最强的色彩或色组属高调色，色的对比属长调，那么整组对比就称为高长调；如果画面主要的色彩属中调色，色的对比属短调，那么整组对比就称为中短调。长调、短调与中调是决定色彩方案感觉明快、清晰、强烈和沉闷、柔和、朦胧与否的关键。在此，我们具体可分出10种明度调子：最长调、高长调、高中调、高短调、中长调、中中调、中短调、低长调、低中调、低短调。其中第一个字都代表着画面中主要的色或者色组（图3-59～图3-68）。

① 最长调　最明色和最暗色各占一半的配色。其效果强烈、锐利、间接，适合远距离的设计。但是处理不当容易产生空洞、生硬、炫目的感觉。

② 高长调　反差大，对比强，形象的清晰度高。有积极、活泼、刺激、明快之感。

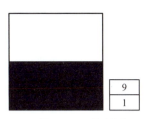

图3-59　最长调

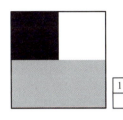 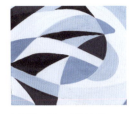 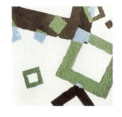

图3-60　高长调

③ 高中调　以高调色为主的中强度对比，色彩效果明亮、愉快而安静。

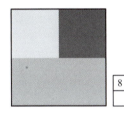 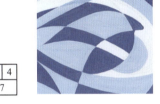 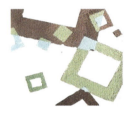

图3-61　高中调

④ 高短调　高调的弱对比效果，形象分辨力差。其特点是优雅、柔和、高贵、软弱。在设计中常被用来作为女性色彩。

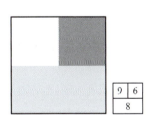 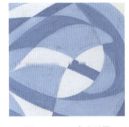 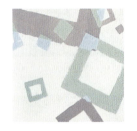

图3-62　高短调

⑤ 中长调　以中调色为主，采用高调色和低调色进行对比。此调稳静、饱满而坚实，给人以强健的男性色彩效果。

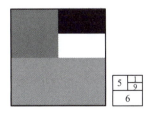 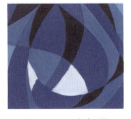 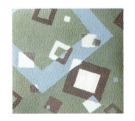

图3-63　中长调

⑥ 中中调 属不强也不弱的中调中对比，有丰富、饱满的感觉。

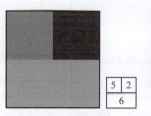 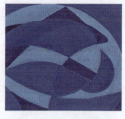 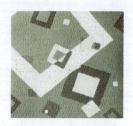

图3-64 中中调

⑦ 中短调 中调的弱对比效果。这种画面犹如薄幕一般，朦胧、含蓄、模糊，同时又显色平淡板结，清晰度也极差。

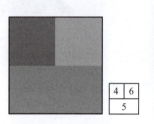 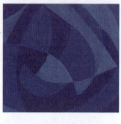 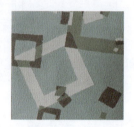

图3-65 中短调

⑧ 低长调 低调的强对比效果。它具有强烈的、爆发性的、深沉的、压抑的、苦闷的感觉。

 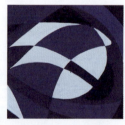 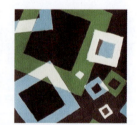

图3-66 低长调

⑨ 低中调 低调的中对比效果。这种对比朴素、厚重、有力度，在设计中被认为是男性色调。

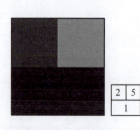 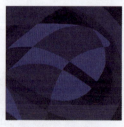 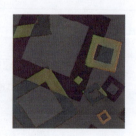

图3-67 低中调

⑩ 低短调 低调的弱对比效果。这种对比阴暗、低沉、有分量，画面常常显得迟钝、忧郁，使人有难以透过气的感觉。

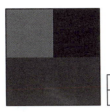

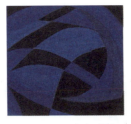
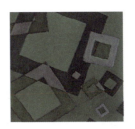

图3-68　低短调

以上10种明度调子是明度对比中最基本的调子。在实际运用中有时也会出现一些更细的对比关系。比如高长调，配色中不单有亮色、暗色，还会出现少量的灰层次，这时也可称它为高中长调，但是画面总体还是由高调的强对比来控制的。

总之，明度对比较强时，光感强，色彩形象的清晰程度高、锐利，不容易出现误差；明度对比弱时，色彩形象不明朗、模糊不清，显得柔和、静寂、单薄、晦暗；明度对比太强时，会产生生硬、空洞、炫目、简单等感觉。色彩的明度构成设计在实践上由于各画面明度倾向和对比程度的不同，明度调子的视觉作用和情感影响各有特点。

3.4.3　纯度对比

纯度对比是两种以上色彩组合后，由于鲜艳程度不同而形成的色彩对比效果。它是色彩对比的另一个重要方面，但因其较为内在隐蔽，故易被忽视。在色彩设计中，人们经常通过对色彩加互补色或加白、加灰、加黑来降低色彩的纯度。在色彩设计中，我们可以通过鲜灰对比促进色彩的和谐。

色彩的纯度对比有两种情况：一是单一色相的纯度对比，二是不同色相之间的纯度对比。如果将灰色至纯鲜色分成9个等差级数，通常把1～3划为低纯度区，在这个区域内，色彩搭配感觉大方而高雅，对比较弱的情况下，色彩细腻、耐看、含蓄、沉稳、朦胧，但有时会产生单调的感觉。4～6被划为中纯度区，色彩感觉温和、静态、雅致、舒适，具有亲和力。7～9被划为高纯度区，色彩感鲜艳、生动、活泼、华丽、刺激、强烈，视觉冲击力大，但容易造成视觉疲劳（图3-69）。

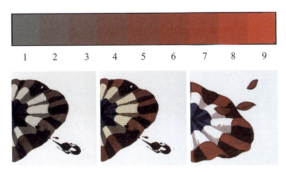

图3-69　纯度基调　郑佳怡

纯度对比的强弱取决于色彩的纯度等差级数跨度的大小。我们按纯度色阶差可将纯度对比分为纯度弱对比、纯度中对比和纯度强对比。纯度弱对比是纯度差间隔3级以内的对比，色感弱，朴素统一；纯度中对比是指纯度间隔4级、5级的对比，色感温和、稳重、文雅；纯度强对比是指纯度差间隔距离在5级以上的对比，色感强，明确、生动、华丽。纯度对比强弱程度距离越长，对比越强，反之则对比越弱。据此可划分出9种纯度对比基本类型（图3-70）。

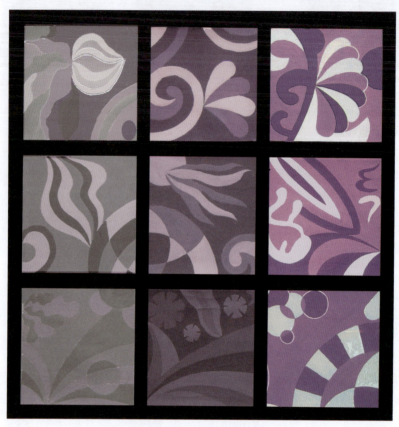

图3-70　色彩的纯度对比

3.4.4　色彩的面积与位置对比

形态作为视觉色彩的载体，总有一定的面积，因此，从这个意义上说，面积也是色彩不可缺少的特性。艺术设计实践中经常会出现虽然色彩选择比较适合，但由于面积、位置控制不当而导致失误的情况，因此色彩的对比要注意色彩与面积、位置之间的关系。

（1）色彩对比与面积的关系

色彩面积对比是指各种色彩在画面中占据量的多与少、大与小的对比。一个色彩的强度与面积因素关系很大，同一组色，面积大小不同，给人的感觉不同。大面积的红色会使人难以忍受，大面积的黑色会使人感觉沉闷、恐怖，大面积的白色会使人感觉空虚。因此，在构图和空间设计中，要根据设计意图，控制各色块面积的大小，取得生动和谐的艺术效果。

① 对比双方的属性不变，一方增大面积，取得面积优势，而另一方缩小面积，将会削弱色彩的对比效果。面积大的色块则决定了设计的主色调。

② 色彩属性不变，随着面积的增大，对视觉的刺激力量加强，反之则削弱。因此，

色彩的大面积对比可造成炫目效果。如在环境艺术设计中，一般建筑外墙、室内墙壁等都选用高明度、低纯度的色彩，以降低对比的强度，造成明快、舒适的效果。

③ 大面积色稳定性较高，在对比中，对他色的错视影响大；相反，受他色的错视影响小（图3-71）。

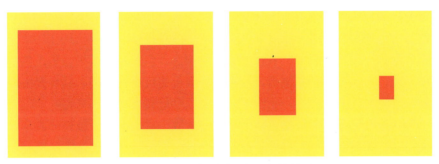

图3-71　色彩对比与面积的关系

（2）色彩对比与位置的关系

画面构成中，色彩的位置变化会产生不同的对比效果。色彩的位置有远近、接触、覆叠、重叠、透叠、包围等不同形式，表现出的色彩对比效果也千差万别（图3-72）。

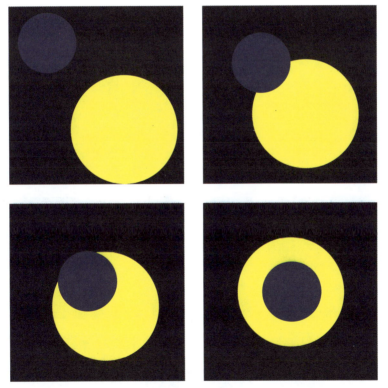

图3-72　色彩的位置变化产生不同的对比效果

① 对比双方的色彩距离越近，对比效果越强，反之则越弱。
② 双方互相呈接触、切入状态时，对比效果更强。
③ 一色包围另一色时，对比的效果最强。

④ 在作品中，一般是将重点对比色彩设置在视觉中心部位，这样最易引人注目。

3.4.5 色彩的形状与聚散对比

色彩的形状是和面积共存的，形状就是面积所表现出来的造型上的曲直以及形态上的聚散。同样两种颜色的对比效果会因为其形状的变化而不同。

形状是通过色彩对比表现出来的，聚集是相对应的。对比各色形状聚集的程度越高，则色彩受错视影响边缘相对越短，各自的稳定性越好，色彩对比效果强烈，色彩强度也越能得到集中表现，不易产生视觉混合，发生空间混合的可能性就小。具有聚集感的造型有圆形、方形、三角形、多边形等，正圆形的聚集程度最高。

色彩的形状分散也意味着各色设计的相对应分散。对比色形状越是分散，对画面的分割越多，受错视影响的边缘相对越长，色彩各自的稳定性降低。设计中分散程度最高的是散点式的形态，分散的造型有点状的、线状的等，点有大小、方圆任意形态，线有粗细、长短、曲直等形态的变化，随着各形态分散程度的加大，色彩对比的效果会逐渐减弱，对比力量过于分散还会形成空间混合的视觉效果。

色彩的形状与面积的关系密不可分，两者是相互依存的互动关系，共同造成色彩之间的力量对比。形状聚集时，对比效果强；分散时，对比效果弱。色彩形状聚集程度越高，注目程度也越高，对人的心理影响明显；聚集程度低，注目程度也低，对人的心理影响也随之降低（图3-73）。

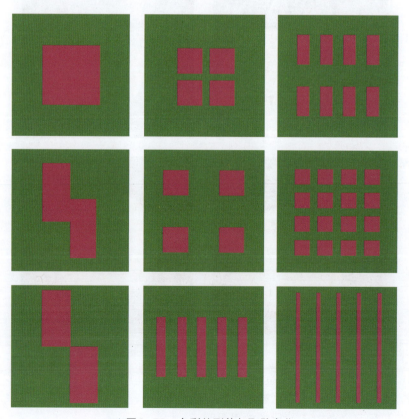

图3-73　色彩的形状与聚散变化

3.5 色彩的调和与构成

色彩的调和是通过有意识的主观配色而进行的色彩组织和调整，是配色美的一种手段，能够使多样对比的色彩形成和谐的色彩设计美感。色彩的调和是在各色的统一与变化中表现出来的，也就是说，当两种或两种以上的色彩搭配组合时，为了达成一项共同的表现目的，将尖锐、刺激或不协调的色彩关系组合调整成一种和谐、统一的画面效果，或将过分暧昧的配色，通过加强适当的色彩对比关系来进行配色，这就是色彩调和。无论同一调和还是对比调和，都要把握好色相、明度与纯度三要素的关系，追求和谐的画面效果。调和是形与色的统一。

3.5.1 色彩调和的基本方法

（1）同一调和构成

在两个以上多色的构成画面中，必然存在色彩的对比与差别，但色彩对比不和谐时，要增加对比双方的共同性，称为同一调和。同一调和能够缓和各种色彩之间的不协调、刺激因素。具体的同一调和构成还可运用以下方法进行表现（图3-74～图3-76）。

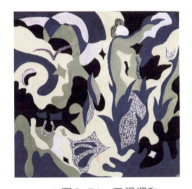
图3-74 互混调和

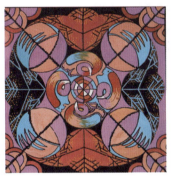
图3-75 点缀色调和

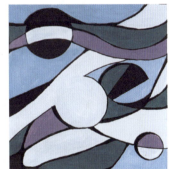
图3-76 无彩色间隔色调和

① 互混调和　对于强烈刺激的色彩双方，通过使一色混入其中的另一色，使之增加同一性，从而进行调和，达到色彩的和谐统一。

② 点缀色调和　在对比各色的面积中，相互置放小面积的对比色，如在红绿对比中，在红面积中加上小面积的绿色，在绿面积中加上小面积的红色；或者在对比各色面积中都加入同一种小面积的他色点缀，也可以增加调和感。

③ 无彩色间隔色调和　为了使画面达到和谐的效果，将强烈刺激的色彩各方，用黑、白、灰、金、银等无彩色或同一色相线条加以勾勒，使之既相互连贯又相互隔离，取得一定的视觉统一与调和。

（2）对比调和构成

对比调和构成由于色相、明度、纯度三种色彩要素都处于对比状态，色彩效果活泼生动，变化丰富，因此选择共性强的色彩组合，可增加对比各方的共同性。其具体方法以共性调和为主，强调色彩要素的一致性关系，追求色彩要素组合关系的统一（图3-77）。

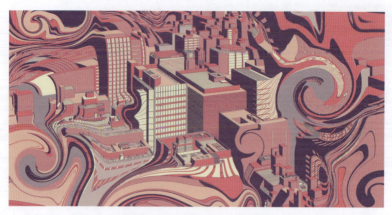

图3-77 调和构成 柳峻屹

① 色相统调调和 将对比的色彩双方混入同一色相，形成具有共同色素的调子，使各色具有和谐感，混入越多越能感到调和（图3-78）。

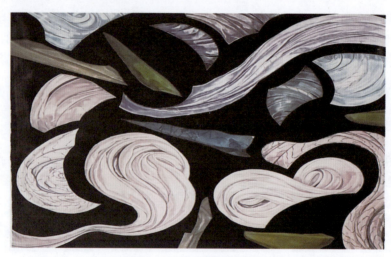

图3-78 色相统调 郝佳乐

② 明度统调调和 将对比的色彩混入白色或黑色统一色调，混入越多越能感到调和（图3-79）。

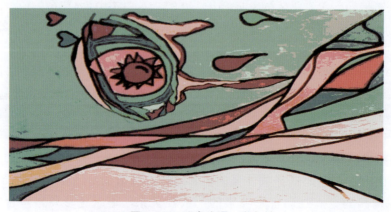

图3-79 明度统调 高永怡

③ 纯度统调调和　将对比的色彩混入补色或同一灰色统一色调，混入越多，越能感到调和（图3-80）。

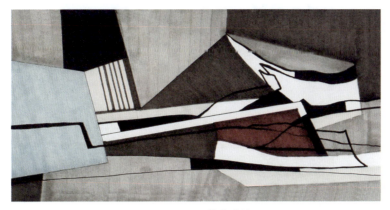

图3-80　纯度统调

④ 面积统调与主色调调和构成　通过加大对比色彩中某一色彩的面积，使其占绝对统治与支配的主色调地位，对比双方面积差别越悬殊，调和效果越强。所谓面积调和构成是通过面积比例关系的调节形成主色调调和构成，如冷色调、暖色调、红色调、黄色调、亮色调、暗色调等，使色彩形成总的倾向性和氛围。画面中，大面积用相对低纯度的色彩，小面积用高纯度的色彩，更易取得调和的色彩对比效果（图3-81）。

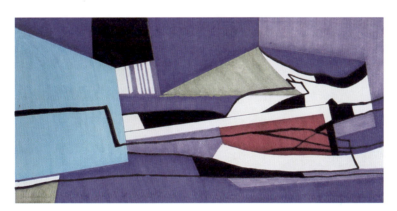

图3-81　面积统调　龚雪

（3）秩序调和构成

秩序调和构成强调有规律的色彩变化，形式中运用不同的色相、明度、纯度级差递减或级差递增，或者对于色彩的同一要素进行有规律的反复，或使两种相反要素有规律地交替出现，渐变组织形成规整有序的秩序感，色彩构成始终保持着有秩序的过程。这种调和中的色彩各要素都可能处于活泼生动的对比状态，但同时又能达到某种既有变化又有统一的秩序和谐美。秩序调和构成包括色相秩序调和、明度秩序调和、纯度秩序调和等构成形式。在构成设计中，我们也可以将以上三种秩序调和构成结合运用，或在对比强烈的色彩中，置入相应色彩的等差、等比的渐变系列，以此结构来使对比变得协调，形成明快、华丽、色彩饱满有序的画面，创造出丰富而有节律、对比强烈而又和谐的设计效果（图3-82）。

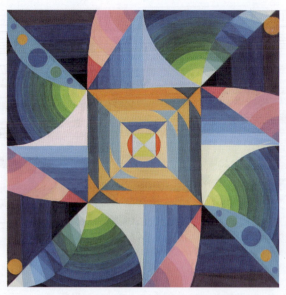

图3-82　秩序调和构成　吕珊

① 色相秩序调和　色相秩序调和是按照光谱序列红、橙、黄、绿、蓝、紫排列的秩序调和构成，具有色彩鲜明而强烈的视觉特点。中间推移的层次越多，就越容易取得调和效果。其构成形式有类似色相秩序构成、对比色相秩序构成、互补色相秩序构成、全色相秩序构成（图3-83、图3-84）。

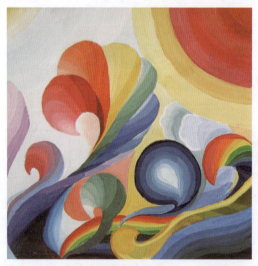

图3-83　色相秩序调和（1）　李银铃

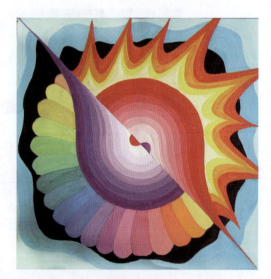

图3-84　色相秩序调和（2）　陈也

② 明度秩序调和　明度秩序调和是按照明度序列排列的秩序调和构成，由高明度至低明度或由低明度至高明度作阶梯状秩序构成，如"高—中—低—中—高"的递减又递增等循环交替的秩序构成，具有丰富的层次性和空间感（图3-85、图3-86）。

③ 纯度秩序调和　纯度秩序调和构成是按照纯度序列排列的秩序调和构成，色彩排列由高纯度至低纯度或由低纯度至高纯度作阶梯状秩序构成，色彩感觉含蓄、稳定、微妙，但调和阶梯过多时，容易含糊不清（图3-87、图3-88）。

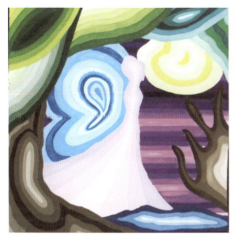

图3-85 明度秩序调和（1） 孙笺

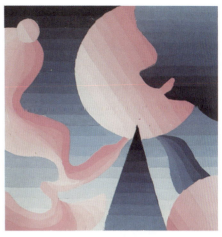

图3-86 明度秩序调和（2） 赵蕊

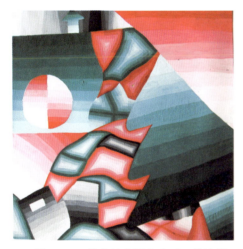

图3-87 纯度秩序调和（1） 徐资悦

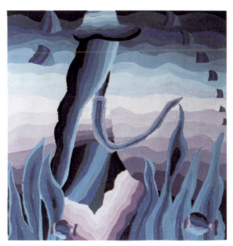

图3-88 纯度秩序调和（2） 彭素素

3.5.2 几何形状的色彩调和

几何形状的调和是德国色彩学家约翰内斯·伊顿的色彩调和理论。伊顿认为"理想的色彩和谐就是要用选择正确的对偶的方法来显示其最强效果"。几何形状的色彩调和是在色相环上确定某种变化的位置，这些位置以某种几何形出现，它们包括：

① 三角形调和　又可称为补色单开叉的色彩关系，属于三色调和。根据开叉的宽窄，可以在色相环上寻找等边三角形、等腰三角形、不等边三角形三种位置的三色对比。

② 四角形调和　通过色相环上正方形及长方形的位置，可寻找到四色对比的调和。又称为补色双开叉的色彩关系。

③ 五角形及六角形调和　色相环上的五角形及六角形的位置，呈多色调和的关系（图3-89）。

各种色彩调和，都是离不开以色彩三要素为基础的色彩量与质方面变化秩序的。尽管各种理论都有自己的特点，但万变不离其宗，总是有基本的规律可循，而以上介绍的原理，可算是色彩调和规律的最基本的认识。

3.5.3 奥斯特瓦尔德色彩调和理论

奥斯特瓦尔德调和理论，主张先在色立体上选择有规则关系的色彩，然后再求出所需要的调和色。

奥斯特瓦尔德色彩体系的秩序调和是建立在其色立体的框架基础上的，即选定一色后，根据奥斯特瓦尔德色相环、等明度系列、等纯度系列可以得到理想的调和色。奥斯特瓦尔德色立体的纵剖面是由两个补色关系的等色相面构成的互补色相面，总体为菱形结构，垂直方向为等纯度系列，水平环状方向为等明度系列，由纯色到白极为等黑量系列，由纯色到黑极为等白量系列（图3-90）。

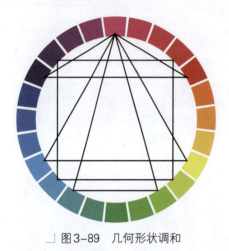

图3-89　几何形状调和　　　　　　图3-90　奥斯特瓦尔德色彩体系秩序调和

（1）单色相调和

① 等白量系列调和　由等色相面三角的纯色顶点到明度黑极顶点的色彩系列组成，各色距离越远越呈现对比效果，越近越呈现调和效果（图3-91）。

② 等黑量系列调和　由等色相面三角的纯色顶点到明度白极顶点的色彩系列组成，各色距离越远越呈现对比效果，越近越呈现调和效果（图3-92）。

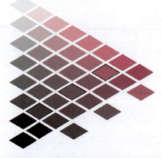
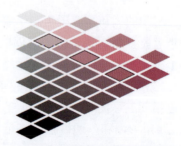

图3-91　奥斯特瓦尔德色彩体系　　　　图3-92　奥斯特瓦尔德色彩体系
　　　　单色等白系列的调和　　　　　　　　　单色等黑系列的调和

③ 明度系列调和　选择与色立体中无彩色纵轴平行的色彩系列均可以得到单色相的明度系列调和。这个系列各色的纯度相等，各色的明度间隔相等，应进行隔段选择（图3-93）。

④ 三系列的调和　在单色相调和中，还可以把三种系列组成相互间的调和。如果把

一种系列的色彩与他种系列的色彩组合，也能得到调和（图3-94）。

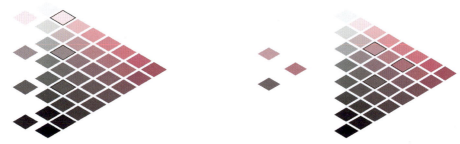

图3-93　奥斯特瓦尔德色彩体系单色明度系列的调和

图3-94　奥斯特瓦尔德色彩体系单色等黑白系列的调和

（2）双色相调和

① 等黑白量的互补色相调和　等黑白色环的补色对，是色环直径两端成对的色。如果将色立体从中心轴纵向剖开，可得到两个由三角形色面组成的菱形，菱形两端的色彩，是强烈的互补色对。如果将色立体切成水平面，随着切割的高度不同，可以得到不同直径的圆，每一圆上的色都含有等量的白与黑。因此，从等黑白色环上，可选出很多调和的补色对，因为等黑白量能使它们显得和谐（图3-95）。

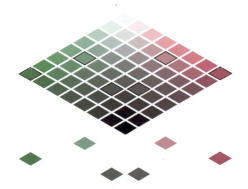

图3-95　奥斯特瓦尔德色彩体系补色色相等黑白调和

② 非等量黑白的补色对调和　斜横向补色对的调和并不要求等黑白量的补色，并允许纯度及明度的对比。如图3-96所示，明度对比比前一组（图3-95）更强烈。

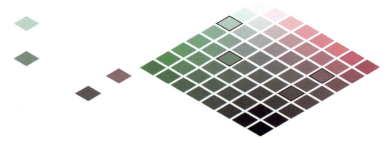

图3-96　奥斯特瓦尔德色彩体系非等量黑白的补色对调和

③ 交叉互补色相的调和　通过灰色等级上的一点，使两个斜线交叉时，可从四个方向线上，寻找到很多不同黑白量的补色对。

a. 从左向右倾斜的线 \
b. 从右向左倾斜的线 /
c. 向两个方向的对称线 \ /
d. 向另外两个方向的对称线 / \

从倾斜的线上选出的色对，明暗对比；从对称线上选出的色对，明暗近似（图3-97）。

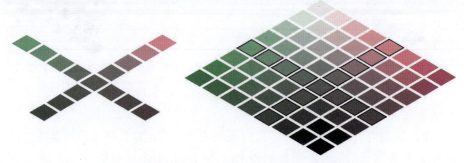

图3-97 奥斯特瓦尔德色彩体系交叉互补色调和

④ 非补色对的调和　用色相间隔不超过半个色环的色作为搭配色对，例如取黄橙与红，在色立体上含60°角的半径，表示两个色相的两个三角形色表的位置。若要得到更大的明度对比组合，可从这类关系中找出斜横向调和。这个关系随着必要条件，对任何色相间隔的两色都能组合。这时候，两色的三角形色表可以色立体上原有的角度展开，成为像补色的两个三角形所构成的菱形样式，这样就很容易按照等黑白环与斜横向的秩序寻找非补色对的调和色了（图3-98）。

（3）多色相调和

设计实践中常用到多色相的调和。从色彩三要素角度分析，可以在奥斯特瓦德色彩体系中得到如下几种形式的调和：无彩色系列调和、将色立体纵向剖开的等色相面调和、互补色相面各色调和、水平剖开的色相同心圆系列色相调和。

（4）环星调和

在奥斯特瓦尔德色彩体系上选择任意色ic，通过ic对色立体作一个水平剖面，那么这个剖面上的任何色彩都是调和的。这种调和方式被称为奥斯特瓦尔德环星调和（图3-99）。

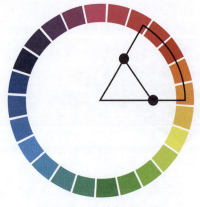

图3-98 非补色对的调和

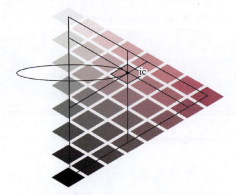

图3-99 奥斯特瓦尔德环星调和

由于奥斯特瓦尔德色彩体系上的纯色到明度轴之间的色彩系列建立在严格的黑白含量上，色相环上的纯色均位于锥体顶点，但纯色色相的明度各不相同，所以奥斯特瓦尔德色立体上的水平方向没有表示色彩的等明度关系。在色立体上所显示的调和秩序主要通过含黑白量色阶的对应关系及色相的环状结构来实现。熟练掌握和利用这些秩序，就可获得丰富多彩的色彩调和效果。

3.5.4 孟赛尔色彩调和理论

（1）以面积为主的色彩调和

孟赛尔的面积对比调和理论来自于他的色彩体系，主张以色彩量上的平衡与否来衡量调和关系。其色彩体系中任意两色，若它们之间的连线穿过中心轴，那么就被认为是调和的。孟赛尔认为，要实现色彩的平衡，最主要的是平衡好各色面积的大小比例，色彩强度高的面积应小，色彩强度低的应该占据大面积，由明度和纯度共同构成色彩强度。这样的配置才能达到平衡和调和的目的。

把一组色彩搭配全部混合或置于混色转盘上，如果得到明度是5级的中性灰，孟赛尔的色彩调和理论认为它们均为调和色。使用单色相，只变化明度和纯度的画面，全部色混合后不能出现中性灰，但要是得到该单色相的明度第5级、纯度第5级，也可以认为它们是调和的。

再从色彩平衡的角度来看，孟赛尔将色彩用分量来表示相互关系。如补色色彩中，红（R）与青绿（BG），它们在色立体的位置表示为R5/10（色相、明度/纯度）及BG5/5，这样的一对补色，两色的明度虽相等，但纯度方面红色是青绿色的2倍，红色显得过分鲜艳，该二色如等量分配，就会使一方过强，若放入转盘进行混合则不能成为中性灰色。为了修正这一点，可将红色的纯度降低，或减少红色的面积量。孟赛尔为这样的色彩面积平衡提供了如下的数字关系：

$$\frac{A色明度 \times A色纯度}{B色明度 \times B色纯度} = \frac{B面积}{A面积}$$

即画面色彩要达到平衡，各色的强度和面积呈反比关系。根据这样的公式，色彩面积的均衡变为以明度和纯度的数字乘积的比例而定。

那么上面的红色和青绿色的面积就可根据公式换算为：

$$\frac{R5 \times 10(50)}{BG5 \times 5(25)} = \frac{BG面积(2)}{R面积(1)}$$

即红色面积应为青绿色面积的一半。

根据孟赛尔面积平衡公式，我们可以得到如下推论：

在对比各色属性不变的条件下，色彩的平衡可以通过变换各自的面积的方式来实现；在对比各色面积不变的条件下，根据画面的效果需求，可以通过调节各色属性的数值来实现平衡。如上面的红与青绿的平衡可以调节为：

$$\frac{R5 \times 5(25)}{BG5 \times 5(25)} = \frac{BG面积(1)}{R面积(1)}$$

即减弱红色的纯度到5级，或者增强青绿色的明度和纯度，来获得相对的平衡。

$$\frac{R5 \times 10(50)}{BG8 \times 6(49)} = \frac{BG面积(48)}{R面积(50)}$$

该公式不仅适用于互补色相、对比色相，同样也可以解决邻近色相或单色相的面积平衡问题。总体规律是色彩强度高的面积要小，色彩强度低的面积要大。

（2）定量秩序调和

对于色彩的调和，孟赛尔还有"被定量的秩序关系，才是调和的基础"这一法则。孟赛尔色立体中，无论什么方向、以什么样的色彩系列选择配色，在规则的范围内有一定间隔的色，都可以看作是调和的色。根据这个法则，选色立体中的一色时，顺着调和所需的必要条件的方向选色即可。因此，可以很容易找到调和色彩。例如：

① 单色相明度系列的调和　该系列可以得到垂直方向单色相的明度变化（图3-100）。

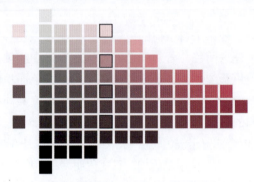

图3-100　孟赛尔垂直调和（该调和法是在单色相中变化明度）

② 纯度系列的调和　该系列是水平方向的色彩明度相等而纯度变化（图3-101）。

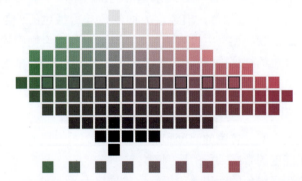

图3-101　孟赛尔内面水平调和（在该线上所选的色彩明度一致而纯度变化）

③ 色相变化系列的调和　这类选色中，明度和纯度是大致相同的，只有色相在变化（图3-102）。

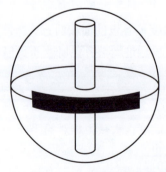

图3-102　孟赛尔圆周上的调和

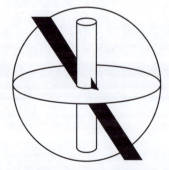

图3-103　孟赛尔斜内面方向色彩系列的调和（在该线上可截选到明度与纯度都变化的色彩色）

④ 斜内面方向色彩系列的调和　该系列选色轨道经过色立体中心点，调和色相必为补色对，明度、纯度保持相对性变化（图3-103）。

⑤ 斜横内面方向色彩系列的调和　该系列是有色彩明度、纯度变化的类似色相或邻近色相（图3-104）。

⑥ 螺旋形方向色彩系列的调和　色立体上任意的螺旋形可以得到不同明度、纯度、色相的色彩系列（图3-105）。

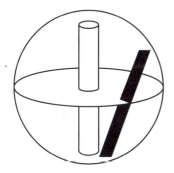
图3-104　斜横内面方向色彩系列的调和

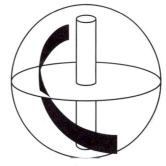
图3-105　孟赛尔螺旋形调和（先在色立体上自由选取螺旋图形，再按等间隔取得该形状上的各色相）

⑦ 椭圆形色彩系列的调和　该系列可以取得纯度相等的补色对（图3-106）。

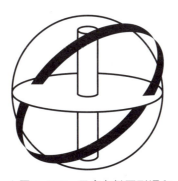
图3-100　孟赛尔椭圆形调和

3.6　色彩构成的理论与实践

3.6.1　视觉传达设计色彩构成的实践应用

3.6.1.1　包装设计色彩构成实践

包装是产品的外部形式，作为一种视觉传达工具，绝不是一种可有可无的东西，而是商品外部的脸面部分，色彩是强化这一外部形式的重要途径。色彩可以离开包装装潢而独立存在，包装则永远离不开色彩。由于色彩心理的存在，色彩在包装设计中对于激起消费者购买欲望、促进销售等方面有极大的作用，正如心理学家罗索·福斯坦第格曾说过的

"色彩起着一种暗示的作用,它是一种包含各种含义的浓缩了的信息"。色彩给人的印象是迅速、深刻、持久的,它是我们一切感觉和印象的开端。

(1)包装的色彩设计应当与商品的属性相配合

根据人们对色彩的联想,选用产品的形象色表现产品的内容,是设计师常用的设计手段之一。形象色能加强商品性,更能确切、直观地表现商品的外部特征,给消费者以真实感。商品包装运用色彩表现出实用功能与美观的和谐统一。根据商品包装的色彩,消费者能联想出包装中的商品。例如,家庭清洁用品多采用蓝色系列,给人以洁净感,绿色或其他色彩又代表不同的花香;饮品类(图3-107)用色彩直观表达商品的内容,使人们能够更准确地找到自己所需口味的商品。

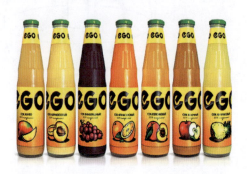
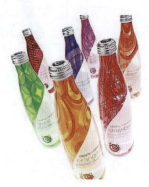

图3-107　饮品类色彩包装设计

(2)包装色彩要引人注目

在视觉艺术中,在倡导个性化的设计色彩时代,色彩往往具有先声夺人的力量。日本科学家发现,人在观察对象时,无论男女老少,人对色彩的注意力占人视觉的80%左右,而对形的注意力仅占20%左右。所以有"远看色彩近看花""先看颜色后看花"之说。那么,要想抓住消费者的视线,首先要解决的问题就是包装设计色彩的选择要引人注目。现在大多数人都喜欢到无人销售的超市里自行选购商品,所以商品包装色彩必须在短时间内迅速吸引住消费者选购商品的视线,这样才有可能引导消费者进行进一步的判断和购买。例如,儿童食品和儿童用品类常用鲜艳夺目的纯色和冷暖对比强烈的色块来赢得儿童的关注和喜爱(图3-108)。化妆品类多用柔和的中纯度或高明度的色调。用淡绿色、淡粉红色、淡玫瑰紫色让消费者联想到自然、轻快、高洁和女性的柔美(图3-109)。

(3)包装色彩要引起好感并促进销售

自然界的色彩千千万万,不同的商品有不同的消费人群。面对不同的商品、不同的消费人群,怎样做到既能创造出有魅力的商品视觉形象,又能选择使消费者心理愉悦的色彩,是包装设计对色彩选择的特殊要求。

能引起消费者好感的包装色彩是最后促使消费者下决心购买商品的一个重要因素。当人们看到某一具有色彩的物体时,色彩作为一种刺激,能使人们产生各种各样的感情。不同的包装色彩设计,会产生酸、甜、苦、辣等不同的味觉感,如咖啡的苦味感多以咖啡色来表现,这也是众所周知的现象(图3-110)。

茶包装设计中,色彩是影响视觉感受的最活跃、最敏感的视觉要素之一。绿色常常是茶包装设计的首选颜色。在绝大多数人的生活经验中,绿色是茶给人的第一视觉印象,因为绿色本身是茶树的颜色，许多茶叶冲泡后也会呈现绿色。心理学家认为，绿色是一种生存本能的颜色，它对人心理上的安静和修养有着积极的作用。虽然红茶、白茶、黑茶的种类不同，但茶叶多采用静雅的色彩包装，以宁静的包装色彩给人们不安的生活创造了一个必要的平衡，引领人们进入休息状态，帮助人们摆脱烦躁而进入渴望中的和谐境界（图3-111）。

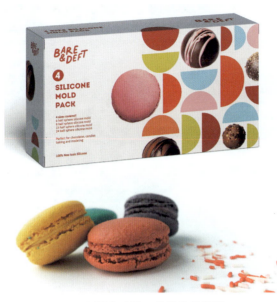

图3-108　儿童食品包装

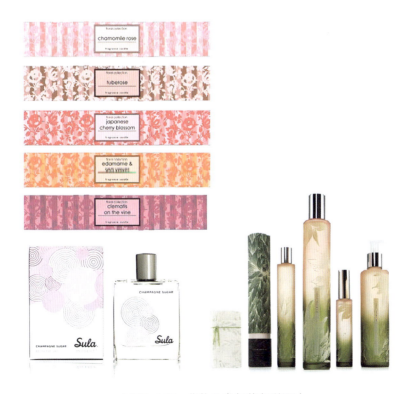

图3-109　化妆品类包装色彩设计

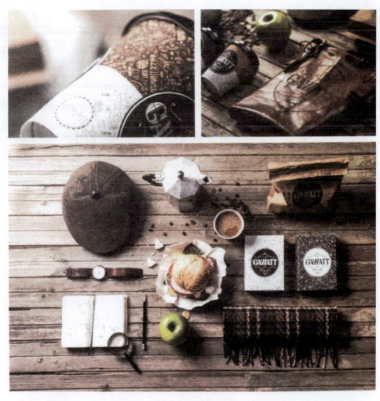

图3-110 Gawatt咖啡店品牌设计 Karen Geveorgyun

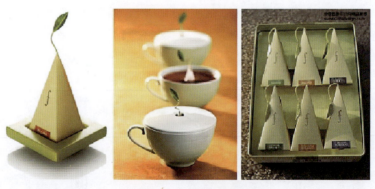

图3-111 茶包装设计

3.6.1.2 VI设计色彩构成实践应用

VI（Visual Identity）设计是一种系统的视觉识别设计，颜色的组合是人们接触它时的第一直观感受。企业品牌的标志与应用体系，能够给企业带来很强的视觉识别性和竞争优势。色彩的运用也起着一定的作用。VI设计作为一种系统的视觉识别设计，其中不可忽视的重要部分就是标准色的设计。标准色是指企业为塑造独特的企业形象而确定的某一特定的色彩或一个色彩系统，并被运用在所有的视觉传达设计的媒体中。成功的标准色配置能够触发受众情感点，影响受众情绪，并能够以色彩体现出相应的象征意义。当然，标准色设计的前提是进行前期市场调查与定位分析，分析企业理念、精神、核心价值观，不抛开"企业理念"这个主体空谈色彩形式（图3-112）。

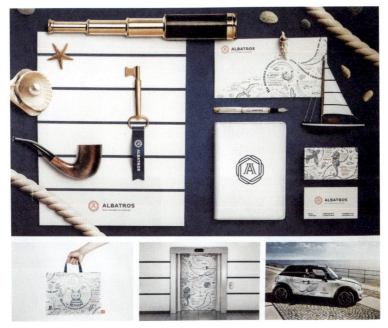

图3-112　Albatros VI设计

（1）VI中标准色的功能

由于企业的标准色具有科学化、差别化、系统化的特点，因而VI在企业的信息传达的整体设计系统中具有很强的传播和识别功能。

① 传播功能　创造性地开发和运用标准色的组合，通过色彩色相、纯度、明度三方面的和谐匹配，在其中注入企业理念的情感倾向和理性意味，这样不仅能强化企业识别标志、企业识别系统、企业识别形象的吸引力和传播力，而且能极大地加强企业生产经营、运行实态、行为方式的约束力和激励力，从而实现形象化的管理。例如，2022年北京冬奥会会徽（冬梦）以及VI设计中，整体以蓝白冷色调为主，传达出冰雪运动的特性，同时局部配置红、黄两色，契合中国国旗元素的同时，彰显出中国人民的热情（图3-113）。

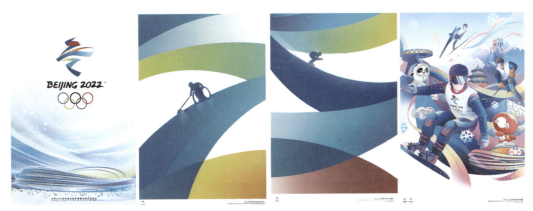

图3-113　2022年北京冬奥会VI色彩设计

② 识别功能　人们对于色彩的感知和联想，赋予了色彩以象征的或设定的指示意义，

使色彩成为人类独有的语义传播信号和视觉传播媒介。红色醒目，令人警觉；黄色和谐，激活大脑；蓝绿色清爽、洁净、明快，使人跃动。所以，色彩具有感知、辨识的认知效应。例如，当我们走进超市饮料区，不用看品牌名称等细节，单从色彩，我们就可以区分出可口可乐和百事可乐。可口可乐的红色传达着激情、活力，营造热烈的氛围，是非常有人气的色彩，正如广告语中的"要爽由自己"。在红色可口可乐先入为主的情况下，百事可乐的国际营销团队为品牌打造了蓝色，力求让人们看到蓝色就想到百事可乐。百事可乐的蓝色清爽醒目，在炎炎夏季，格外有吸引力，很容易引起人们的购买欲。从二者的红蓝色彩大战中，我们看到了VI设计中的色彩将传统的灌输手法表现成无形的却又非常有效的沟通，很自然地引起消费者的识别进而引发购买行为（图3-114、图3-115）。

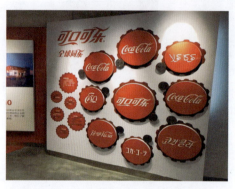

图3-114　可口可乐色彩设计

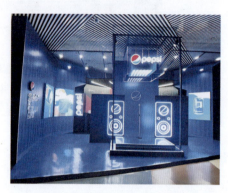

图3-115　百事可乐色彩设计

可见，设立标准色的目的，在于依靠色彩的这种直观的视觉力量，来树立企业、品牌或商品所期望建立的形象，作为企业经营策略的有力工具。

（2）VI中标准色设定的注意事项

在标准色的设定阶段，由于受自身生活经验、传统习惯等因素的影响，人们会对色彩产生联想和抽象的感情，因此，标准色的选择还应注意以下几点：

① 注意各颜色本身所含的个性特征，以使其较好地与企业的经营理念结合，避免出现较大的偏差。一般而言，红色容易让人联想到火焰、太阳、血、红旗、辣椒，包含热烈、青春、积极、革命、活力、健康的抽象感情；橙色让人联想到橘子、柿子、秋叶，包含快活、温情、欢喜、任性、疑惑的抽象感情；蓝色让人想到天空、海洋；紫色让人觉得高贵、优雅；白色让人觉得纯情；灰色让人觉得平庸等。这些联想，对于色彩的运用和诉求具有极大的影响力。

② 标准色的开发，应避免和各国、各地区的民族偏好发生冲突。在法国，男孩惯穿蓝色，小女孩惯穿粉红色，但人们不喜欢绿色，因为它会使人想到纳粹军服；法国还忌讳绿色的地毯，因为该国在举行葬礼时有铺撒绿叶的习俗。在马来西亚，黄色为王室所用颜色，一般人不能穿用。在巴西，紫色一般代表悲伤；茶色一般象征着不幸。在荷兰，橙、蓝色十分受欢迎，特别是橙色，在节日里被广泛运用。瑞士则十分喜爱将三原色和同类色相配，并喜欢国旗上的红色和白色。

（3）VI中标准色的色彩计划

纵观各大品牌的色彩计划，有采用单色标准色的，有采用复色标准色的，有采用标准色加辅助色的，不同的色彩计划有各自的优势与劣势。

① 单色标准色的色彩计划　单色标准色的优势在于简单、明了，能够带给观者较强的视觉冲击力，容易记忆。而单色的劣势在于意义指向不明确，在实际的应用中缺乏丰富的视觉变化。如《国家地理》杂志标志性的黄色给人们留下了十分深刻的印象。不管是《国家地理》的纸本杂志、PC端网页、iPad和iPhone等移动端的界面，还是电视节目的界面……每一个可能和观者相遇的接触点都非常一致地显示了相应的颜色，简洁而单纯，易于辨识和记忆，同时相差无异的视觉观感，不得不让人印象深刻（图3-116）。

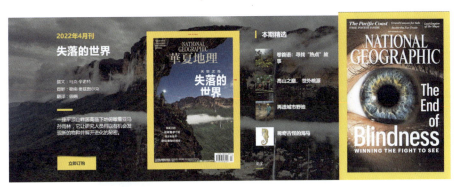

图3-116　《国家地理》色彩设计

② 复色标准色的色彩计划　复色标准色是指标志色彩中包含了两种或两种以上的颜色。复色标准色拥有更丰富的寓意和表现力，弥补了单色标准色的不足，但在应用过程中要注意色彩构成的和谐统一，保持整体的形式美，这样才能激发更高层次的审美愉悦和情感。例如中国联通的标准色设计中，就采用中国红和水墨黑两种配色。中国红是国旗色，代表热情、奔放、有活力，是中国情结最具代表性的颜色。象征快乐与好运的红色增加了企业形象的亲和力并给人强烈的视觉冲击感，与活力、创新、时尚的企业定位相吻合。水墨黑是最具包容与凝聚力的颜色，是高贵与稳重的象征。红色和黑色搭配具有稳定、和谐与有张力的视觉美感（图3-117、图3-118）。

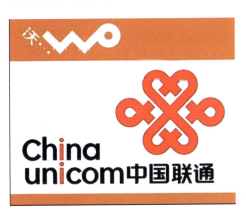
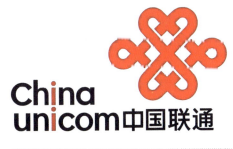

图3-117　中国联通标志　　　　图3-118　中国联通的标准色设计

③ 标准色加辅助色　标准色加辅助色是当前使用较多的一种方法，能够使色彩计划具有更广泛的应用延展。辅助色是为配合标准色而设计的颜色，主要用于衬托、表现核心基础要素。辅助色的设定需要以标准色为依据，它在一定程度上消除了标准色在应用中的单调感，使企业用色更加丰富、协调。例如联想集团的企业标志及VI设计中标准色是联

想蓝，代表值得信赖、专业和创新的品牌特性；辅助色是联想绿和联想灰，用以衬托联想蓝（图3-119）。

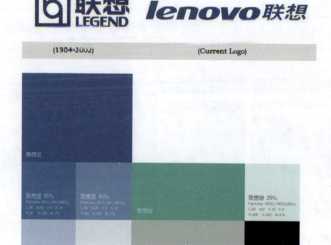

图3-119 联想标准色与辅助色设计

辅助色的设定一般有三种方法：a. 在标准色的同色系中选取，这样既丰富了企业用色，又提高了企业用色的统一性；b. 在标准色明度变化色谱上选取，以提高企业用色的协调性；c. 选定标准色以外的色相，这样可以丰富企业用色，提高企业视觉识别系统的活跃度。

以上三种方法各有利弊，如何选择，要视具体情况而定。可口可乐红就是单色标准色色彩计划的成功典范，除了极具代表性的红色，在视觉上延伸利用了可口可乐历久弥新的商标图案。即便是单色标准色，同样可以通过改变形状、比例、符号、字体、图像等一系列手法给人们带来不同的观感。

3.6.2 环境艺术设计色彩构成的实践应用

3.6.2.1 色彩构成在室内环境设计中的运用

色彩是室内环境设计中最能够产生效果的重要因素，因此，色彩运用的优劣也决定了整个室内空间环境的好坏。色彩的构成搭配是室内环境空间色彩设计效果优劣的关键问题。室内设计师建立在三维空间的基础上的是空间、造型、光源、材质等元素与色彩的汇总，室内环境的色彩设计汇总不仅要考虑到各部分自身的色彩秩序，还要考虑到各部分之间的总体的构成秩序。

（1）室内设计中色彩构成的一般原则

室内色彩首先应有主调或基调，冷暖、性格、气氛都是通过色彩主调来体现的。对于规模较大的建筑，主调更应贯穿整个建筑室内空间，在此基础上再考虑局部适当变化。主调的选择是一个决定性的步骤，因此必须和空间的主题十分贴切，即希望通过色彩达到怎样的效果，例如，是典雅还是华丽，是安静还是活跃，是纯朴还是奢华，等等（图3-120）。

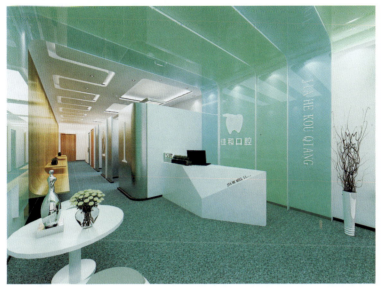

图3-120 以绿色为主色调，清新中透着静谧的空间 苗蕾

其次是色彩的统一、协调。主调确定以后，就应考虑色彩的施色部位及其比例分配。主色调一般应占有较大比例，而次色调只占较小的比例。在大部分色彩协调时，有时可以仅突出一两件陈设作为对比，如墙面造型、桌上的摆件、灯具、植物等元素，用统一顶棚、地面、墙面、家具来突出部分陈设。色彩的统一，还可以根据选用材料的限定来获得。室内各物件使用的材质不同，即使色彩一致，由于材料质地的区别，还是会显得十分丰富，这是室内色彩构图中具有的色彩统一性和变化性的有利因素。

（2）色彩构成在室内设计空间塑造中的实践

空间是物体存在的形式，一切物体都占有一定的空间。人类能够有意识、有目的地创造空间，而室内空间是便于人类生产、生活活动有序进行的物质空间形式。被人们塑造出的室内围合空间，包括顶棚、墙面、地面，与室内陈设、家具、灯光、设施等产生关系。

从色彩特性来分析色彩与空间的关系，首先要确立空间的使用特性或主要功能。室内空间可以利用色彩的明暗度来创造气氛，使用高明度色彩可获得光彩夺目的室内空间气氛；使用低明度的色彩和较暗的灯光来装饰，则给人一种"隐私性"和温馨之感（图3-121、3-122）。

室内空间的使用性质分为人居环境空间、限定性公共空间和非限定性公共空间。具体来说，人居环境空间大多为公寓、别墅、私人院落等提供私密居住的空间；限定性公共空间是如办公楼、医院、学校等有一定特殊功能要求的空间；非限定性公共空间，如酒店、宾馆、商场、车站、影院、舞厅等，范围较广。总体来说，无论哪种空间，都有自身特性，需要用不同的色彩来进行合理布置，起到界定空间的作用。比如，居住空间的安静、祥和、舒适，办公空间的明亮、清晰与严谨的秩序，舞厅的炽烈、刺激与跳跃，商场的华丽、多彩与高雅等，都离不开色彩元素的渲染（图3-123）。

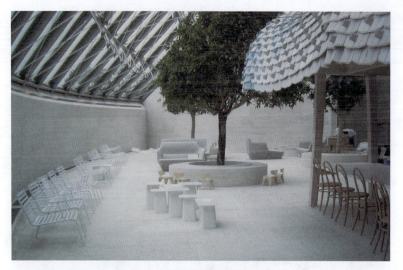

图3-121　高明度的空间设计

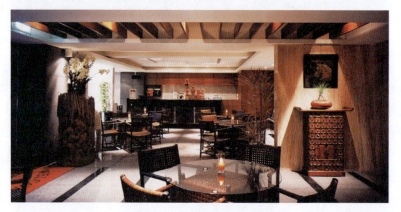

图3-122　低明度的空间设计

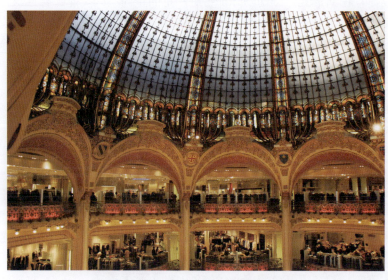

图3-123　商场内部空间的色彩布置

色彩构成可以调节室内空间的节奏感。造成空间感变化的因素主要是色彩的前进与后退特性，这与色彩的色性、纯度、明度有关。例如，为了扩大狭小空间的空间感，可以采用降低纯度、提高明度的方法；为了改变大空间的空旷感，可以采用降低明度、使用色性偏暖的色彩的方法；形态变化较大、使用造型复杂的空间，一般使用较单一的色彩达到统一空间的目的；如果空间形态过于单一，可用色彩对比来增强空间的丰富性。

合理的色彩设计不仅能够明确空间的使用功能，更加能够提高工作、学习或生活的效率。例如，科学家曾做过色彩实验，在同样的就餐空间内，一种情况是把餐厅内墙刷成橘黄色或橙色，就餐的人们明显食欲大增，并且心情愉悦、善于交谈；另一种情况是把餐厅布置成蓝色调，进餐的宾客食欲平平，交谈冷淡。因此，许多餐厅都把空间装饰成以暖色调为主的色彩风格。

色彩的设计可以表现空间的性格。设计师利用色彩的象征性、隐喻、联想等特点，根据室内空间的类型风格及使用要求等因素，同时考虑到民族地域性、时代性等方面的差异，通过色彩设计有效地体现室内环境的不同风格和个性。比如，紫色在女性的抽象联想中大多表现为高贵、典雅、品质的象征，所以，很多珠宝店、高级成衣的专卖店、美容院等都以奢华的紫色调为室内装饰的主调，营造绝佳的氛围，增强顾客购买欲（图3-124）；然而在另外一些情况下，紫色是权力的象征，比如欧美国家中，在一些重大礼仪庆典中，非常重要的主教的服饰是紫色的，很多名校的院士服也是紫色的，所以许多正式的会场也是以紫色调为主调进行装饰布置。红色系则代表热烈、大胆，会经常出现在酒吧、舞厅等场所，但同时，浓烈的红色同样也是中国及部分东南亚国家的民族色彩，象征祥和、喜庆，会运用在大型的公共场所，具有民族号召力（图3-125）。设计师合理利用并掌握红色的明度、纯度、对比和面积等尺度，会营造出不同的空间性格。

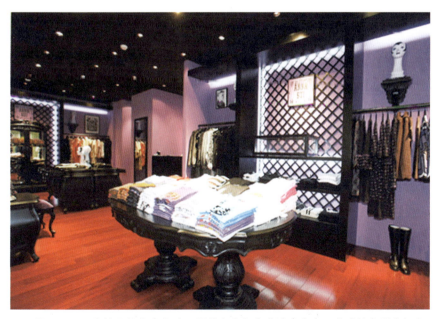

图3-124　女性用品专卖店（运用紫色和红色营造出高贵、典雅的色彩空间）

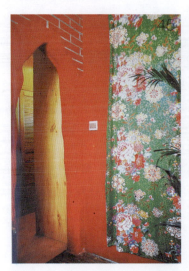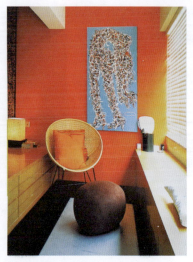

图3-125　红色营造出的富有民族特色的中国红空间

（3）色彩构成在室内设计造型元素中的实践

室内设计中的造型元素是空间划分之后重要的设计因素，比如室内的顶棚、隔断、墙面、门、窗等都会或多或少地采用一些造型。色彩构成设计与室内造型之间有着密不可分的关系，利用好这层关系可极大提高和强化室内造型设计的作用。可以说，室内设计中每一个造型都是形体、材质、色彩的组合体，色彩可以加强形体的情感表达，成为视觉的焦点，或者被隐藏。比如，在一些大型空间中，有些承重立柱是建筑结构中必不可少的，但往往有些大厅或中庭因为有些立柱处在中心位置或体量过大，影响了空间的整体性，对此，就可以利用色彩的特性，削弱其与周围环境的对比，同时增强设计中应有的视觉中心的色彩对比，最大限度地达到理想效果（图3-126）。当然，色彩的对比与形体变化有很强的相关性。造型多变的物体会使色彩对比降低，造型简单完整的形体会增强色彩的对比和视觉效果。

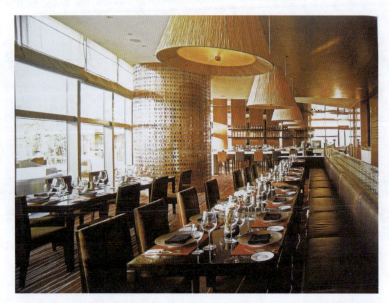

图3-126　运用与周围环境一致的色彩，削弱承重立柱对建筑空间的影响

（4）色彩构成在室内设计光源元素中的实践

色彩与光源在室内设计中有着密切的联系。随着现代灯具制作技术的提高和室内采光设计的变革，利用光源和色彩来营造空间气氛的手法得到设计师的广泛应用。室内光源分为自然光源和人工光源两大类。自然光源主要由于投射方式的不同和自然条件的影响而产生不同的光线色彩和效果，比如天气晴朗时，光源呈现出自然的暖色，使得各个形体都罩上淡黄色光晕，产生温暖、明亮的效果；天气阴暗时，光源呈现出蓝灰色调，使得空间形体表现出静谧、灰暗的效果。人工光源的品种非常繁复，并且近几年人们研发出了品种丰富的有色光源。光源的多样化给室内环境增添了无穷的魅力。设计师善于利用多变的光源色彩这一元素，使得灯光冷暖交汇，明暗交替，极大提升和丰富了诸如舞厅、酒吧、剧院等特定场所的梦幻效果，产生了强烈、魔幻、神秘等多样的视觉效果（图3-127）。

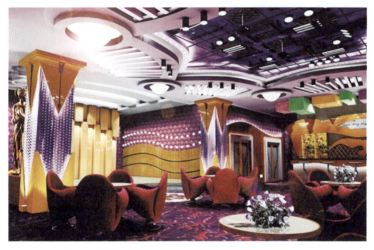

图3-127 光源对室内设计的影响

色彩对光线的调节有显著的效果，这主要体现在各种色彩的反射率不尽相同这一特性上。色彩的反射率取决于色彩的明度，明度越高，反射率越高；反之，反射率越低。比如，室内空间昏暗狭小，采光条件差，可采用白色或明度高的色彩作为主调，提高反射率，扩大空间感觉；如果空间过于空旷，并且光线刺眼，可采用明度低的色彩作为设计主调，降低光源的发射率，以此改善室内环境。通过有效地调节色彩与光源的关系，可以使室内环境空间更和谐。

（5）色彩构成在室内设计材质元素中的实践

材质元素在室内环境设计中有着重要的意义。材质即物体的肌理。在现代社会中，室内设计行业越来越重视保留材料的天然质感和色彩。在材质中，各种材料的色彩、纹理、光泽感等都会给人们带来不同的心理感受。如何平衡和利用两者之间的关系，成为时下生态环境设计需要考虑的重要问题。

熟悉各种自然材料的色彩属性成为合理运用材质的关键。色彩与材质有着相互影响的作用（图3-128）。同一种色彩用在不同的材质上，所产生的效果是大不相同的。如光滑的材料表面因反光能力强，使色彩不够稳定，明度提高；粗糙表面反光能力弱，因而色彩稳定，看上去比光滑表面的色彩浓烈。同一种材质被施以不同的色彩也会有不同的效果。如羊毛织物有温暖感觉，但做成白色则产生冷漠的感觉。正确地用色与选材，使色彩与材质互相协调配合，共同创造出室内环境的美感，这就是色彩构成与室内设计的完美组合。

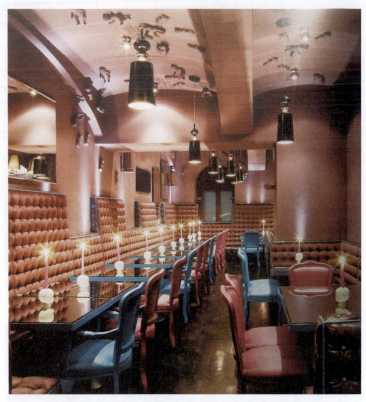

图3-128　色彩与材质有着相互影响的作用

3.6.2.2　色彩构成在室外环境设计中的运用

（1）色彩构成在城市建筑领域中的实践

在复杂的人类生存环境之中，建筑色彩关系着整个城市的形象、品位和特征。色彩是形成建筑风格的重要组成内容，所以，建筑色彩是构成城市环境美感的重要因素，也是改善城市环境的有力手段（图3-129）。

① 城市建筑色彩的系统性原则　城市建筑色彩应给予整体性关注。由这一原则出发，需要确定各个具体系统的地位与作用。建筑的色彩要考虑自然景观的特质，正如建筑大师赖特所言，建筑是有机的，应该在自然中"长成"。如果离开这一地点，建筑风格色彩就不适合，也就失去了它的价值与生存意义。自然界的动植物会按季节变换着它们的色彩。在一定的环境系统中，建筑相对来说是稳定不变的，所以，建筑的色彩在城市景观中，扮演着非常重要的角色。

对建筑可以采取多种色彩设计方式，一种是显性设计，另一种是隐性的弱化设计。首先，应确定建筑群色彩的丰富稳定，并应考虑到对于地域、季节缺陷色彩的补充。建筑体量大，在人工的景观环境中占有十分重要的位置，所以稳定了建筑的色彩，就控制了环境的色彩，为人、其他动植物、车辆、广告等流动易变的事物的色彩提供了背景与舞台。城市建筑群中，有些建筑也可以采取显性的手法设计，成为建筑群系统的亮点，但应在数量上加以有效控制。往往这些建筑的色彩成就了地理色彩的标签或城市色彩的名片，如北京的紫禁城、华盛顿的白宫、莫斯科的红场（图3-130）等。

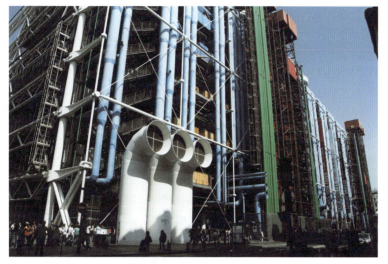

图3-129　巴黎蓬皮杜国家文化艺术中心

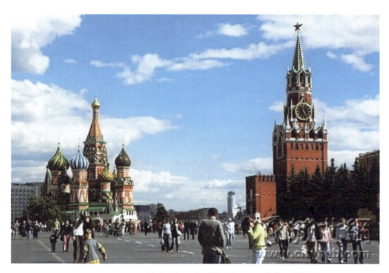

图3-130　城市地理色彩标志——莫斯科红场

② 城市建筑色彩的客观性原则

a. 建筑色彩不能脱离地区的环境和气候。一般来说，建筑色彩应该是当地环境和气候的一种反映，因而其色彩特征成为地区建筑风格和特点的重要组成部分。例如，气候炎热地区，建筑的色彩往往是高明度的中性色和冷色；寒冷地区常常采用中等明度的暖色和中性色。如比利时的布鲁日，河道分布密集，许多建筑依河岸建造而成，城市的大部分建筑都集中建造于中世纪，至今依然完整地保留着传统式样。那一排排由一块块红砖堆砌的建筑所构成的城市色彩基调成为城市中最迷人、最有特点的一道风景线。

b. 建筑色彩要考虑当地民族的习惯与偏好。不同的国家与民族均有自己的色彩习惯与偏好，这主要取决于民族文化、风俗习惯、宗教信仰及政治观点等。如英国建筑多用茶色，日本建筑多用灰色，法国建筑多用奶酪色、银白色、深灰色，印度建筑多用绿色、红色等（图3-131、图3-132）。

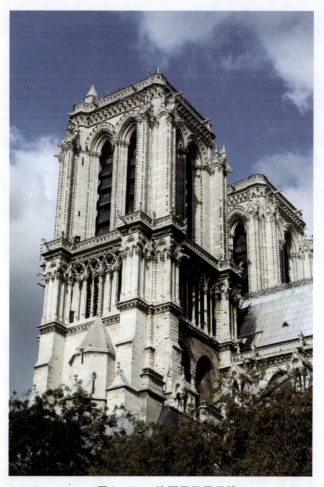

图3-131　法国巴黎圣母院

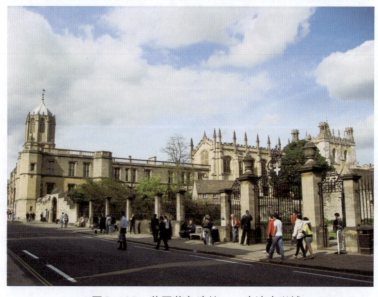

图3-132　英国茶色建筑——牛津大学城

③ 城市建筑色彩体现建筑功能　对于工业建筑，除了考虑美观之外，还要充分注意色彩对于提高劳动生产率、减少事故的作用。国际有关资料显示，凡是注重色彩调节的工厂，其产品的质量和产量等都有所提高。在民用建筑中，如医院、疗养院常以白色或中性灰白色为主，这种色彩能给人平静、安详之感。商场、餐厅、剧院、歌舞厅等则以醒目、热烈的色彩为主，能使人精神振奋，吸引顾客。这里的建筑色彩就不单纯具有审美的意义，而是建筑功能的组成部分。

（2）城市建筑色彩的设计原则

① 建筑用色色相数量宜少不宜多　如果个体建筑的立面色彩超过三个基本色相，那么很难统一，在色彩设计上容易失败。一般建筑色彩构成的成功之作，大都是很好地掌握了单色相、多彩度的特性以及巧妙运用的结果。运用好色彩的各种调子，充分表达色彩的感情和气氛，使色彩既统一又变化，是建筑色彩达到和谐、丰富、有秩序、鲜明的前提。

② 用好色彩的生理效应，发挥色彩的心理作用　不同的色相与色调，会产生不同的感受，如红色让人联想到火与太阳，蓝色让人联想到天空和海洋。这种冷与热以及远近、轻重、软硬、胀缩的生理效应在色彩视觉中占有重要的地位，可以加以适当的利用。与色彩的生理效应相比较，心理作用更富有感情特点，如红色表示诚挚、热情，绿色代表和平、安宁，黄色则使人有活泼、阳光之感。例如位于美国康涅狄格州哈特福德，由Edward Pottr设计的马克·吐温住宅，住宅外立面的颜色是温暖的砖红色，与周围的自然环境非常协调，因为院子里有大枫树，每到秋天，地上的红色与房顶的蓝色就形成一种非常悦目的对比（图3-133）。

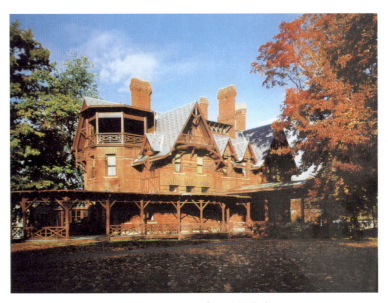

图3-133　马克·吐温住宅

③ 注意光影作用对建筑色彩构成的影响　自然光与人工光源对建筑色彩都会产生重要影响。光在建筑方面的作用即可以产生功能性作用和对建筑色彩的审美作用。建筑设计中的光影设计与建筑的形体、质地、色彩等巧妙结合，可以产生意想不到的奇妙效果。在

实际的建筑色彩设计中，应考虑到建筑处在自然界中受光面的大小及色彩配比和背光面大小及色彩配比。例如，在光线照射强烈的环境中，建筑色彩如果采取高明度，会产生视觉的刺激；而在光线常年昏暗的情况下，如果建筑色彩采用低明度和低纯度，也会极大影响建筑设计的美感。

④ 注重色彩的谐同性　色彩的谐同性指构图中既统一又对比的调和关系。这种统一和对比关系在色彩视觉中占有极其重要的位置，也是审美评价的主要根据。色彩的谐同性，存在于色彩的对比、秩序、主从和微差等四个方面的有机结合和适当对比，以及明度调和、色相调和、色彩调和等方法。比如著名水城威尼斯采用的新旧建筑在色彩上的调和方法，使得整个城市建筑风格和谐统一，具有谐同性（图3-134）。

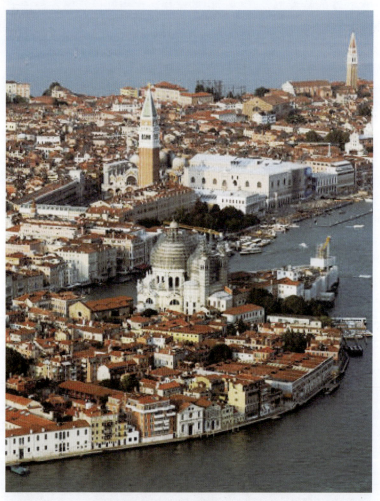

图3-134　威尼斯城市建筑色彩

第4章 设计基础三大构成——立体构成篇

导言：

　　立体构成重点研究立体造型要素在三维空间中的组织规律和方法，着重培养学生的三维空间想象力和创造力，使学生能将立体形态按照一定的形式与方法组合成独具创新个性的艺术美。创新不仅是技术方法创新，也包括思想创新，这正是新时代对创新人才的要求。三维立体空间造型与设计更能够激发人们的艺术创造力和文化创新意识，同时引导探索社会现实问题，提高审美素质和文化修养，思考人类社会发展中的科技与文明、自然环境与生态环境、城市化与人居环境、人类消费与生产等，从而引发学生对社会责任的思考，提高社会责任感。立体空间构成中还要充分体现对称、均衡、变化、统一、韵律等形式关系，艺术的造型离不开和谐的形式美。

4.1 立体构成概述

4.1.1 立体构成的基本特征与设计理念

　　立体构成是一门研究在三维空间中如何将立体造型要素按照一定的原则组合成被赋予了个性美的立体形态的学科。三维是指具有长度、宽度、高度的物体空间属性，它具有真实的立体空间特征，且兼具视觉感和材料的触感。如何从二维思维模式进入三维的思考模式，完成空间上的转换，是学习立体构成的重点。要完成这个转变，必须具有丰富的空间想象力和多视点的造型意识。

　　立体构成是现代设计领域中一门基础造型课，是一门艺术创作设计课，也是研究空间立体造型的学科。立体构成教育自20世纪80年代开始引入我国，成为我国所有艺术院校必修课程。在本节中，我们首先需要明确一个概念，即形状与形态的区别。在平面造型中，我们称平面的形为形状，这个形状是物象的外轮廓。在立体造型中，形状是指立体物在某一距离、角度、环境条件下所呈现的外貌，而形态是指立体物的整个外貌。立体构成是对物体的空间秩序和规律进行设计研究，它主要研究空间形态的形式规律和构成法则，将立体形态进行科学的解剖，充分将点、线、面的空间逻辑与美的元素统一起来，通过材料和制作技术等手段，重新组合创造出新形态。

立体构成作为艺术领域中研究三维造型的基础学科，利用抽象的材料和模拟构造，创造纯粹的形态造型。立体形态本质是通过外力作用和内力的运动变化所构筑的。形态构成就是以形态要素或材料为素材，按照视觉效果力学或精神力学原理进行组合，进行立体创造的设计构想，是立体构成要素点、线、面、体的移动、旋转、摆动、扩大、扭曲、弯曲、切割、积聚、排列、插接、展开、折叠、穿透、膨胀、混合等运动形式的空间构成。立体构成包括技术、材料、美学等。在立体构成的学习研究过程中，要把灵感和逻辑思维结合起来，熟练掌握三维立体造型规律，结合美学、材料、工艺等因素，确定最终的设计应用。除了在平面上塑造形象的图案及绘画艺术外，其他各类空间造型艺术都应划归立体造型设计的范畴。立体构成作为研究形态创造与造型设计的独立学科，所涉及的行业有建筑设计、室内设计（图4-1）、公共艺术设计、雕塑、广告设计、包装设计、工业造型设计等。

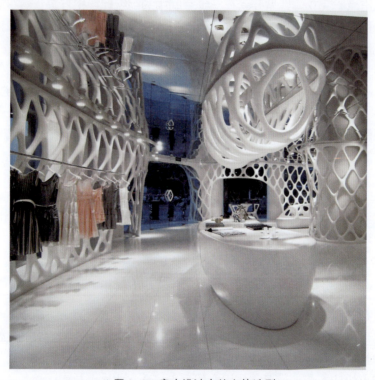

图4-1　室内设计中的立体造型

4.1.2　立体构成与造型转换

　　造型艺术广义上是指用一定的物质材料塑造可视的平面或立体的形象，来反映社会生活和表达艺术家的感情与审美意识。立体构成的造型形式与方法有很多，综合形态的造型转换有利于我们的意象思维与逻辑思维的培养。

4.1.2.1　意象思维与立体造型

　　意象是一种境界，"意"就是心，"象"则为心中之想象，"意象"体现在我国传统绘画中。"意"在先，"象"在后，意象是客观物象与人们心灵感悟相融合产生的心灵形象。

意象思维具有极大的创造性。

"似与不似之间"是意象造型的观念。意象思维是设计师对所表现对象的深刻理解，对客观物象的想象和联想。艺术设计中的意象思维是以不同寻常的造型手法来表达人们司空见惯的东西。意象思维以直接感知、客观存在的事物为前提，通过它们之间某种本质上的共性而引发联想（图4-2、图4-3）。

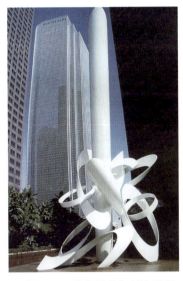

图4-2　意象思维与城市雕塑

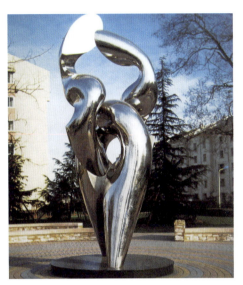

图4-3　城市雕塑

（1）意象的三种性能

晚唐张彦远说："颜光禄云，图载之意有三：一曰图理，卦象是也；二曰图识，字学是也；三曰图形，绘画是也。又《周官》教国子以六书，其三曰象形，则画之意也。是故知书画异名而同体也。"这里就讲了意象的三种性能：符号、信号（记号）与绘画。

意象的第一个功能是符号功能。在意象作为符号使用时，其抽象性一定要低于符号所暗示的东西。意象本身是一种特殊的事物，而当它被用来代表某一类事物时，它便有了符号的功能，也可以称为再现意象。它并非着意描绘物理事物的外部形状，而是把其中所包含的抽象的力作象征性的呈现。例如西汉霍去病墓前石雕《初起马》虽然雕得比较平，即非如实描写，但是，它抓住了久伏初起的战马的动态，捕捉到了动作所反映出来的感情，这是它唤起人们共鸣的原因。

意象的第二个功能是直观意义的信号功能。意象本身当然是一种特殊的事物，而当它被用来代表某一"类"状态时，它便有了信号的功能。例如中国文字重视外形的内涵，也就是"形"的含义。"海""河""源""洋""泉"等字中都有"水（氵）"，起着达意的作用。

意象的第三个功能是图理绘画功能。作为绘画的意象是捕捉所描绘物体或事件的某些相关性质，比如形状、色彩、运动等，加以突出或解释。它不同于真实的复现，它要比它再现的实际事物抽象，而这种抽象度的不同则是意象思维的表现。

（2）意象思维在立体造型中的运用

意象思维产生了众多意象性造型。在立体造型中，注重意象的表达，寻求多种的可能性，能使艺术表现更趋于个性化、多样化。有了意象思维，在构成立体形态时，还必须考虑材料和结构，以抽象的点、线、块意象表现丰富的艺术设计内涵与风格，才能使鲜明的个性和趣味性与设计完美地结合。

① 线材自由表现　线的运动可分别表现为运动的趋向或动势、运动的力量或动力。"其力内蕴，可见古雅；其力外露，则近奇倔；其力似不足实有未尽，多属生拙；其力一发而不可收，则为纵恣。"立体形态的线材表现创造亦同此理（图4-4）。

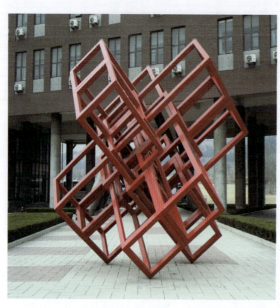 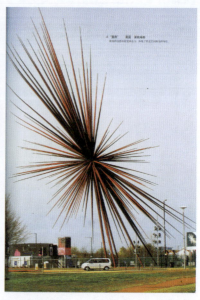

图4-4　城市雕塑立体形态的线材表现

② 面材自由表现　面是线的横向延展。面的表现可以是三维空间的复杂运动（剪形、折叠、弯曲、延展），也可以是多个面的连续运动。在面的表现中，要注意运动与意象的关系，充分利用面与视线的垂直和水平变化，最大限度地发挥面的作用来创造一个生动的立体形象（图4-5）。

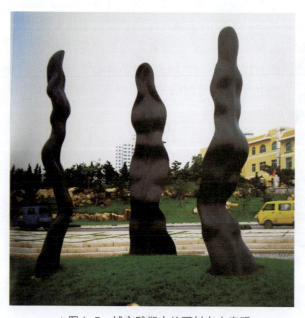

图4-5　城市雕塑中的面材自由表现

③ 块材自由表现 它既可以表现为单一的整体，又可以是多数形体的组合。块材相互接触的组合，以空间动势为主；块材相互分离的组合，以空隙关系为主。无论哪一种，均应注意虚与实、疏与密的变化，才能构成有机体的动态，创造出特殊的意境（图4-6）。

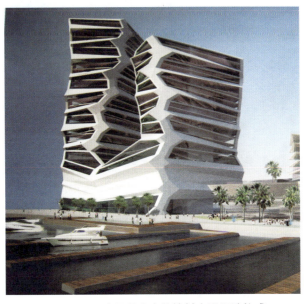

图4-6 迪拜码头中的块材表现设计构成

4.1.2.2 逻辑思维与立体造型

逻辑思维是人脑的一种理性活动，思维主体把感性认识阶段获得的对于事物的认识的信息材料抽象成概念，运用概念进行判断，并按一定逻辑关系进行推理，从而产生新的认识。逻辑思维具有规范、严密、确定和可重复的特点，它是人的认识的高级阶段，即理性认识阶段。立体造型中所指的逻辑思维不是按直觉的方式展示形象，而是一开始就把造型所包含的各个成分和各种关系分析出来，然后致力于将它们综合起来，重新建构一个整体。

（1）构成的逻辑

如果我们把形态要素和运动变化分解成各个独立要素，然后采用图解的方法将这些要素进行排列组合，就可网罗各种组合形态。这种方法在创造学中被称为形态分析法，共分四个步骤：

① 分析造型要素，按照形态要素、空间限定、构成条件和组合形式这四个方面进行分析，并详细列出各自包含的内容，比如直线、弧线、曲线、折线、折曲线等。

② 将要素按规律排列组合，这样可以产生多种创造性设想，从而拓宽造型构思。

③ 将排列组合的结果视觉化为形体组合。

④ 从众多的形态方案中进行优选并将优选出来的方案作深入发展（图4-7）。

（2）立体造型的构成

① 形态 点、线、面、体是自然界中四个基本的形态概念。在立体构成中，通过将点、线、面赋予不同的形态组织，来阐释不同的寓意。

② 空间 立体构成中的空间是由物体和感觉物体的人之间产生的相互关系所形成的，这种空间关系主要依据人的视觉、触觉和感觉来形成。

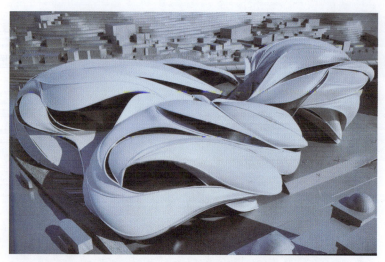

图4-7　线条优美的建筑造型

③ 形式　在立体构成中，要充分体现对称、均衡、变化、统一、韵律等形式关系。艺术的造型离不开形式美。

④ 结构　结构是组成整体的各部分的搭配和安排方法及构成形式，在立体构成中，是基本设计要素组织构筑的造型方法。

⑤ 材料　立体构成的最终形态是由材料来体现的，材料是立体构成的重要载体。材料本身具有复杂的属性，能同时在视觉和触觉上进行表达设计。

4.1.3　立体构成的形态分类

形态是物质的表象。世界上的所有形态皆不外乎两类：现实形态与抽象形态。现实形态又分为自然形态和人工形态。所有人工形态的创造都是基于自然形态的生成过程。自然形态是指自然界已存在的物质形态，是由于自然的力量形成的各种可看或可触摸的立体形态，如树木、石头、高山等。人工形态是人类根据自身的需要而创造的物质形态，是通过人类有意识、有目的的活动而产生的，如建筑、生活器皿、雕塑、家具、服装等，这些形态是人类从自然形态的形成规律中研究、总结，将意识进行物化的结果。在立体构成中，形态元素的研究很重要。立体造型艺术能够将自然形态转化为有意味的人工形态。如图4-8是自然界中的海螺，属于自然形态；图4-9是设计师根据海螺的形态进行有意识的加工提炼而设计的异形房屋，属于人工形态。

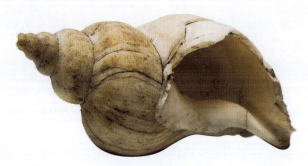

图4-8　自然形态

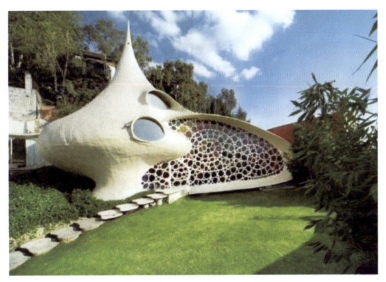

图4-9 人工形态

当然，就形态的面貌即外形而言，我们又可以把它归纳为具象形态和抽象形态两类。所谓具象形态，是指未经加工提炼的原型，即自然形态。抽象形态可以解释为不具有客观意义的形态，是以纯粹的几何观念表达客观意义的形态，观者无法辨认出其原始的形象和意义。从某一方面来说，凡从自然界提炼变化出来的形象或形态，不管你看得懂还是看不懂，它都是抽象的形态。所有的形态，无论是自然形态还是人工形态，无论是具象形态还是抽象形态，都可以归纳解构成点、线、面、体这四个基本造型元素。它们通过一定的形式相互转化，在一定环境下，通过色彩与材料能够形成丰富的立体造型。

4.2 立体构成造型的基本元素

4.2.1 点元素

点是立体构成中最基本的元素，具有求心性和醒目性，是表达空间位置的视觉单位。无论它的大小、形状怎样，只要当它同周围其他形态相比，它就具有凝聚视线、表达空间位置的特性。点虽然是最小的视觉单位，却是立体构成中其他形态的基础，点的排列可以产生线，点的放射可以产生面，点的堆积可以产生体，等等。

立体构成中的点并无固定的形态和大小，是由周围环境所决定的。空间环境的大小决定了形态点感的产生，所以，当形态与周围其他的造型体相比较时，当形态在周围环境中被认为有凝聚性而成为最小的视觉单位时，它都可以称为点。

点的立体构成常用的材料有石膏、木块、石块、金属块等。我们也可以用布、纸、玻璃、塑料等做成通透的立体造型。点在造型中的整体与局部关系中起着特殊的作用，运用巧妙，可画龙点睛，产生强烈的视觉冲击力和艺术感染力；相反，运用不当，则会对整体产生负面效应。在艺术设计中，点或点的聚集以它独特的作用折射出艺术的光彩

（图4-10、图4-11）。

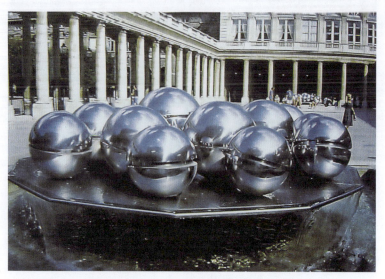
图4-10　点元素在景观设计中的作用

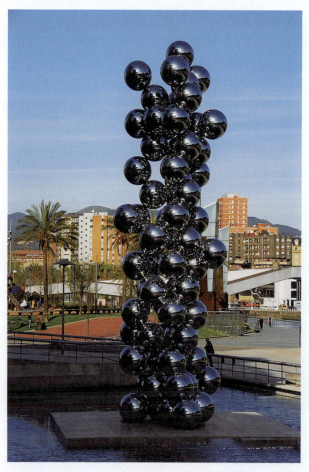
图4-11　欧洲某城市雕塑中的点元素

4.2.2 线元素

线由点的运动轨迹形成。线形表现中最基本的形式有直线、曲线和折线。相对面和体来说,线形态更具有延伸感和速度感。日常生活中,自然淳朴的篱笆、刚劲有力的建筑框架等,都给我们实际线的体验。在立体构成中,线元素具有很重要的功能,它具有长度和方向,能决定形的方向,表现各种方向性和运动力,可以形成骨架或成为某种结构体,也可以形成形的外部轮廓以及表示各种动态。立体构成中,线的语言很丰富。就形态而言,线有粗细、长短、曲直、方折之分。线的材质又有软硬、刚柔的不同。

线的构成方法很多,线的形态构成可以通过线框、线层、软线拉引、自由线组合等多种组合方法来完成。线的形态各异,给人的心理感受和视觉感受也不同。立体构成中的线构成,概括起来又有直线及其组合形式和曲线及其组合形式之分(图4-12)。

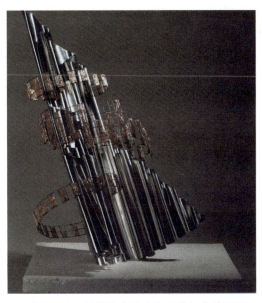

图4-12 马莎莎作品中的直线与曲线运用

(1)直线

直线具有坚定、单纯、朴实、冷漠、明确而锐利的视觉感受。直线的立体造型会产生坚硬有力的感觉。

① 垂直线形式积极向上、端正严谨,显示一种强烈的上升与下落的力度和强度,产生严肃、高耸、正直、希望的感觉(图4-13)。

② 水平线形式具有安定、平稳、广阔、无垠的感觉,能产生横向的扩张感。

③ 斜线及其组织富有动感,有明确的方向性和不稳定感(图4-14)。

④ 折线坚韧有力,具有一定的攻击性和不安定性。

(2)曲线

曲线具有迂回性和间接、自由的特点,给人轻松、优美、柔和、富有韵律的感觉。曲线又可分为几何曲线和自由曲线(图4-15、图4-16)。

① 几何曲线主要包括圆、椭圆、抛物线等线型,能给人规范、饱满、明快和现代的感觉,多用于建筑造型、工业造型等规范设计中。

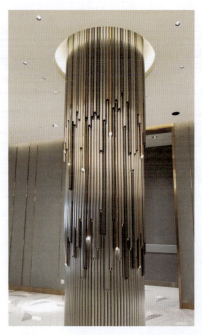
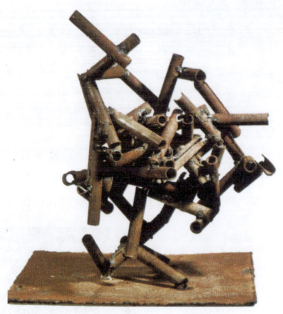

图4-13 室内设计中的垂直线运用　　　　图4-14 刘善利作品中的斜线组织

② 自由曲线是一种自然、优美、跳跃性的线型，常给人丰满、圆润、柔和、富有人情味的感觉，在表现柔情、奔放的创意设计中运用较多。

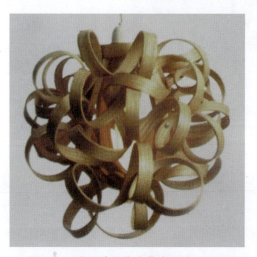
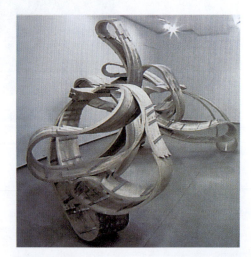

图4-15 灯具中的自由曲线运用　six公司　　图4-16 Slippery when wet　Rechard Beacon

（3）线的材质

线的材质有硬线和软线之分，比如同样是直线造型，钢管、木条、棉签给人造成的视觉和触觉感就完全不同。同样形态的线，由于材质和粗细的不同，也会产生不同的变化，如粗的线条更为有力、牢固、健壮，细线条则敏感、秀气、纤弱。

① 软质线材　本身不具备支撑性，需要借助硬的线材、板材、块材，通过焊接、粘接、编结等手段进行连接。也可以将软质线材先固定成所需的形态，再涂刷可固化的胶或树脂，使其成为硬质造型。软线设计立体造型可用绳、尼龙丝、橡皮筋等（图4-17）。

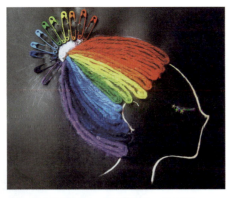

图4-17 软质线材 朱国辉

② 硬质线材 质地较硬，单体形态一旦固定就难以改变，大多采用粘接、焊接等方式。玻璃棒、硬塑料棒、管等，为硬质无韧性线材。各种金属线、竹、木、藤条等属于硬质有韧性线材，这种材料有较强的可塑性，可用弯曲、折曲等方法变形，也可用焊接、粘接、榫接等多种手段连接。

总之，线的立体构成方法有很多，或连接，或不连接；或重叠，或交义。同一材质的线材，通过形态的变化，也会使造型产生相异的设计感觉。因此在设计中，要运用线在粗细、角度、间距等方面不同的组织构成，根据形式美法则，设计丰富多变的造型形态（图4-18）。

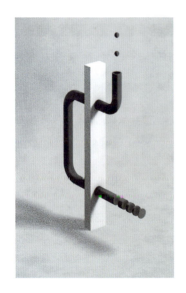
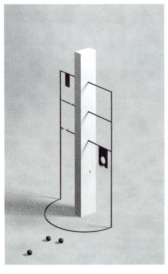
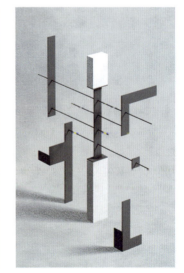

图4-18 硬质线材

4.2.3 面元素

面是点的面积扩大或线的移动轨迹所形成的，具有轻薄感和延伸性。在立体构成中，面是具有长度、宽度和深度的三维空间实体，具有较强的延展感。把面进行简单的加工，就可以产生体块。面还具有较强的视觉性，有轻盈明快、易加工成型等优点，因视觉角度的转换会呈现出不同的视觉感受。在自然形态和人工形态的领域中，存在很多面形态，如花瓣、树叶、纸片、墙壁等。

面的形态可分为直面、曲面、层面等。不同的构成方式给人以不同的视觉感受，如直面简洁硬朗，稳定且具有延伸性（图4-19），曲面形态优美，生动丰富且具有有机感（图4-20）；立体构成中，面材一层一层规律地连续排列所构成的形态称为层面，在设计中要注意面形在空间中的连绵起伏和方向位置的转换，层面形态具有强烈的节奏性和秩序感（图4-21）。此外，形状、色彩、材质等元素都会影响面的设计感和视觉感。面立体构成的常用材料有纸、木板、有机玻璃、塑料板、金属板和金属网等。

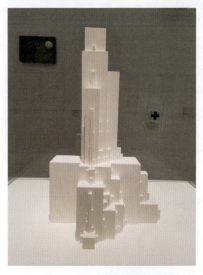

图4-19　直面构成形态

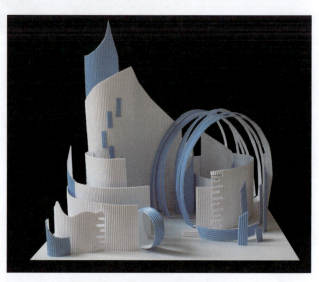

图4-20　曲面构成形态　田开云

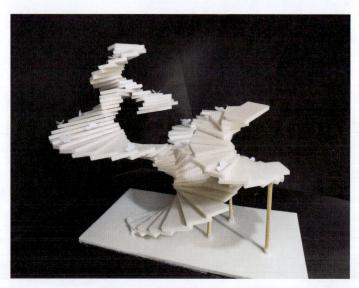

图4-21　层面构成形态　许启涵

在现代生活中，面材越来越受到人们的青睐，成为最主要的造型材料，它有轻盈明快、易加工成型等优点。面立体的造型可以是按照某一规律进行设计的造型，也可以是自由造型。面具有多样的变化性，可产生十分丰富的视觉感受。

4.2.4 体元素

体是形态设计中最基本的表现方法和造型手法。体由面的运动轨迹围合形成，能够产生强烈的空间感、充实感、厚重感，体可分为规则体和不规则体。规则体有正方体、锥体、柱体、球体，具有稳重、端庄、永恒的视觉感受；不规则体在自然界中随处可见，具有亲切、自然、温情的感觉，如山石、卵石。体是指物质的三维空间体积的外在，而量是由体所赋予的物理和心理上的特征。在立体构成中，体和量是互为依存和依赖的，体能够最有效地表现空间立体，同时呈现出极强的量感（图4-22、图4-23）。

体根据结构特征可分为实体、虚体和半实半虚体。实体有较强的充实感，如木头、石头、金属材料等；虚体更显轻巧；半实半虚体较实体更具透气感，又比虚体更具充实感。体都具有空间感，其中体元素的内部构造称为内空间，而实体外的环境称为外空间。体的形态各异。体形态可以通过几何体、抽象的有机体和几何外力作用构成。

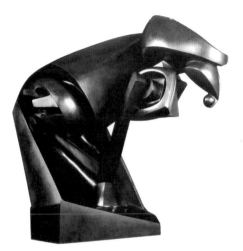

图4-22　雕塑（1）　雷蒙·杜尚·维隆

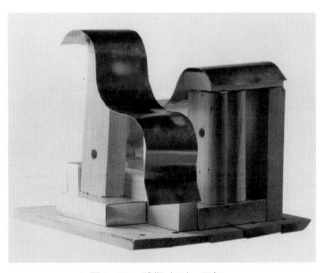

图4-23　雕塑（2）　吴红

4.2.5 色彩

色彩感在立体造型和环境装置里是唇齿相依的关系，不可忽视。立体构成中的色彩不同于绘画和色彩构成中的设计，因为它存在于三维空间中，所以它在普通的色彩学基础上，还要受到空间环境、光影效果、工艺技术、材质本身等多方面的制约影响。它不但在物理学方面影响到物体的形态，还在心理学等方面对形态的感觉起着重要作用。在立体构成中，色彩有着相应的审美感和独特的规律性，是立体构成中不可或缺的元素之一。比如在工艺造型中，除了观赏立体形态外，其中的色彩设计也会给人以耐人寻味的感觉；在大的立体构成装置中，不同的体块与色彩，可以调节不同的气氛和意境，增强心灵的感受，对视觉效果的呈现起着重要的作用（图4-24、图4-25）。

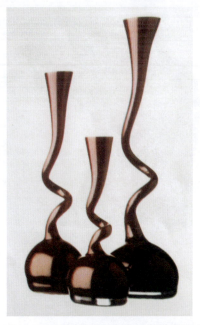

图4-24　旋转的花瓶　布里特·邦纳森

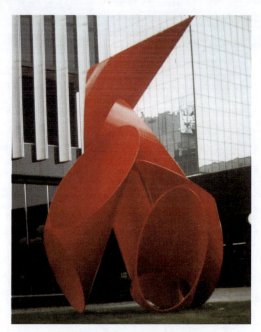

图4-25　某城市雕塑

4.2.6　材料

材料是立体造型的物质基础，立体设计离不开材料，立体构成的最终结果是由材料来体现的，材料的性质会直接影响到物体的视觉和触觉感受。不同的材料需要采用不同的工艺技术，当然，也需要不同的工具来驾驭，例如，切削工具，如剪刀、美工刀、钩刀、裁刀、锉刀、研磨机等；挖洞工具，如锥子、打孔机、钻床、穿孔器等。常用的工具材料还包括圆规、直尺、界尺、丁字尺、三角板、曲线板、气泵、喷笔、喷枪、喷刷、吹塑板、金属板、布、海绵、铁网、石膏、各类线材、纸材、粘接材料等。"工欲善其事，必先利其器"，我们应当熟练掌握自己常用的工具和材料并不断创新。

（1）天然材料

天然材料是指在自然法则下形成的各种可视或可触的形态材料，是自然界天然物体的结晶，不经过加工或基本不加工即可直接使用。天然材料具有亲和力，能给人带来自然、清新、质朴的视觉和心理感受，主要有木材、石材、竹子、泥土以及自然界中生长的各种物产资源（图4-26）。

（2）人工材料

人工材料是指人工合成制造的材料，能给人以新颖、规整的感觉。相对于自然形态而言，人工材料是指人类有意识、有目的地创造的结果，如金属（钢、铁、各类合金）、塑料、玻璃、石膏、纸材、织物等（图4-27～图4-30）。

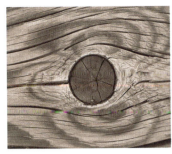 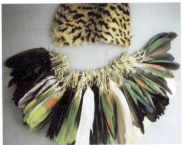 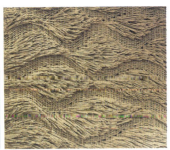

图4-26　天然材料

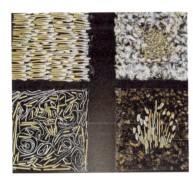 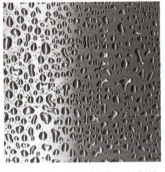 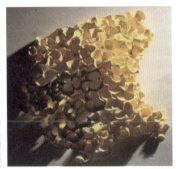

图4-27　人工材料　高永怡

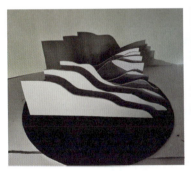 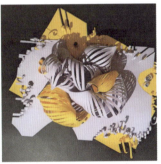 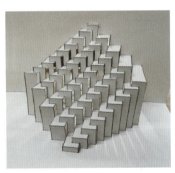

图4-28　人工材料习作（1）　朱国辉　高永怡　李峥

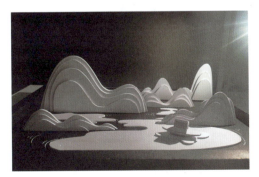 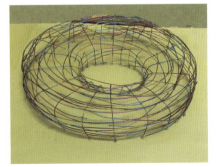

图4-29　人工材料习作（2）　张芸畅　　　　图4-30　人工材料习作（3）　冷东荣

在立体构成的设计中，合理地、科学地选用材料是造型设计极为重要的环节。首先要考虑的就是构成该物体的材料属性,包括其表面肌理、内在特性和象征意义。纸材是设计构成中不可缺少的材质,在初期造型训练中被广泛使用。其优点在于表面光滑、易于变化、有一定韧性,但是也有易破损、表面易脏等缺陷。常用的纸材有绘图纸、瓦楞纸、铜版纸、钢板纸、玻璃纸、转印色纸、绵纸、卡纸、厚纸板等,其中瓦楞纸、卡纸最适合做各种造型(图4-31、图4-32)。

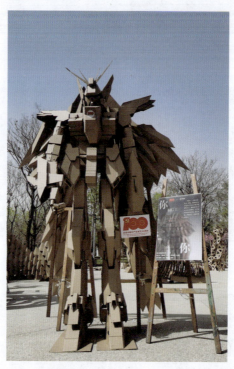

图4-31　立体造型(1)　刘佳琪、付丽丽、张如璐、于永康

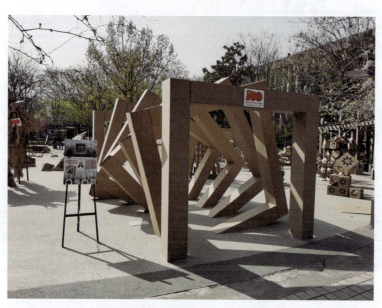

图4-32　立体造型(2)　蒋昊等

4.3 立体构成的造型与构成方法

4.3.1 板式立体造型构成

　　板式构成是在平面材料上经过折叠、切割等立体化加工后，形成具有一定深度或厚度的，具有浮雕特征的板状立体，这种构成形式称为板式构成。板式构成的实质是以半立体为基本形态的重复或渐变构成。板式构成可以分为有板基构成和无板基构成。所谓板基是指在平面材料上，通过反复折叠而得到的板式基础原形。

　　面材是一种平面的素材，而要将平面转化成立体的形态，必须使其变成有深度的三维空间。总体来说，板式立体造型构成的基本手法就是将平面的素材进行特殊手法的处理，比如折叠、切割、粘合等造型加工手段，使其成为具有浮雕性质的立体构成造型（图4-33）。

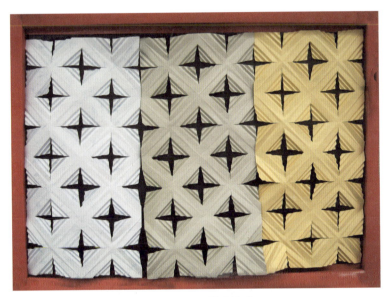

图4-33　板式构成

　　板式构成从形式上分有直线式折叠构成、曲线式折叠构成、编织构成、集聚构成、切割构成、拉伸构成、粘贴构成等常见样式。

　　折叠的基本原理是将平面的材料进行正反的折叠产生不同的立体造型。做折叠构成练习时宜采用容易弯曲加工和定型的面材。

　　直线式折叠构成是通过直线的折线印来进行的反复折叠，没有切割和粘贴的手法，其特点是结构明朗、轮廓分明。曲线式折叠构成结构具有美感，自然感强，线条活泼优美。

　　编织构成是通过将直线和曲线相结合的手法，使其作品刚柔相济。

　　集聚构成是在一个基本形的基础上，不断重复或渐变基本形，从而产生集聚的效果，其特点是线条丰富，造型感强且具有韵律。

　　切割和拉伸构成能使面材的长度和弧度发生变化，出现新的造型，产生丰富的变化。

切割使平面立体化，会加强空间感。进行切割练习时，要注意切割线之间的大小、疏密关系，保证其整体美观和谐。拉伸方法常在切割之后使用，以产生不同的造型效果。折叠、集聚、切割、拉伸是板式构成的造型形式的基本手法（图4-34～图4-36）。

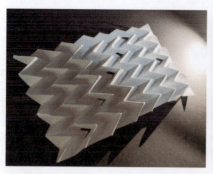
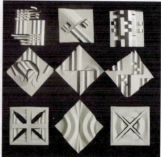

图4-34 板式构成形式（1）

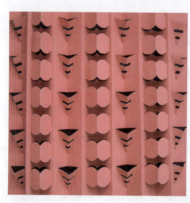
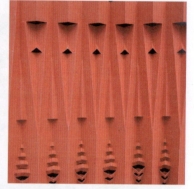

图4-35 板式构成形式（2）

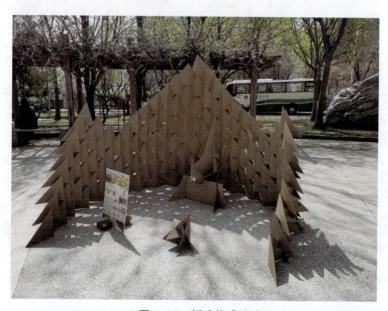

图4-36 板式构成设计

4.3.2 柱式立体造型构成

柱式立体构成也是广泛应用于日常生活中的形态。特别是在建筑设计中，柱状造型有着特殊的含义。柱式立体构成有圆柱、方柱、多棱柱等多种造型。它的主要表现手法是将平面的材料进行绕圆周的折叠或者弯曲，并将其边缘粘接，再将顶部和底部封闭。柱式立体造型的变化一般体现在柱端、柱面和柱体的棱线上，这些造型变化的形成都在柱体的展开平面上进行。

（1）柱端变化

在柱体的顶端和底端的展开平面上形成不同的折叠压印线，在绕圆周构成柱体的同时，折叠这些压印线，从而产生柱端的丰富造型变化。在我们的生活和设计案例中，柱式造型的柱端变化的应用很广泛，小到包装设计中的瓶体、罐体、箱体的顶部造型等，大到建筑设计中的各种形态变化等（图4-37～图4-40）。

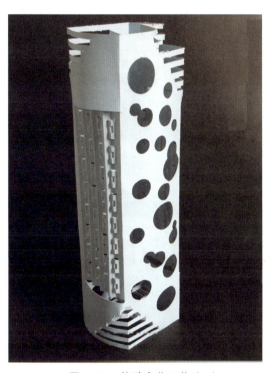
图4-37　柱端变化习作（1）

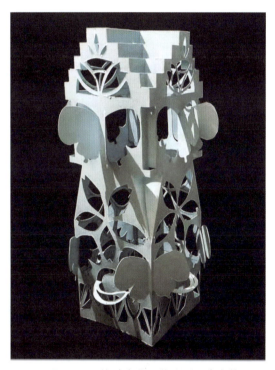
图4-38　柱端变化习作（2）　李文静

（2）柱面变化

立体造型构成中柱面的变化是通过柱面切割的手法来体现的，柱面的切割能造成空间系数的变化。柱面的变化通过切割、黏贴、折叠等构成手法使柱体表现出丰富的视觉效果（图4-41、图4-42）。

（3）柱体棱线变化

柱体棱线在立体构成中具有重要的作用。柱体棱线的变化会改变柱体的性质，使柱体的造型发生比较明显的变化。当柱面的变化程度提高时，柱体的棱线也会随之发生变化。柱体棱线的走向和变化会造成柱体形态的差异。在产品包装、陶艺和建筑设计中，我们会经常看到这些构成原理的应用（图4-43～图4-46）。

柱式的立体构成是极为常见的造型构成形式。现实生活中也存在很多变化的形式因素，我们在练习时要结合实践认知，多注重对这些变化的理解。

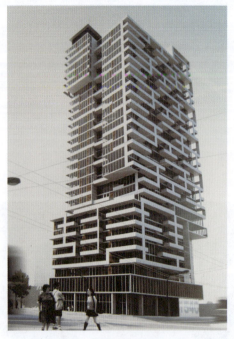

图4-39 某建筑设计

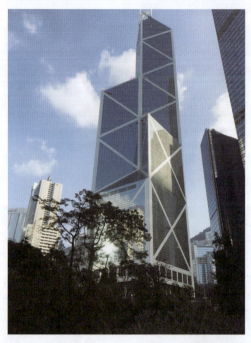

图4-40 建筑设计——中国银行香港总部大楼

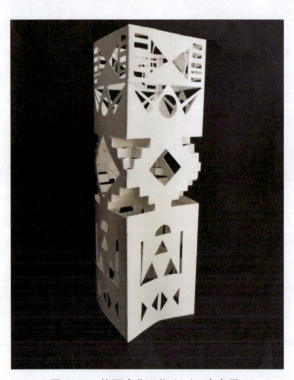

图4-41 柱面变化习作（1） 李文平

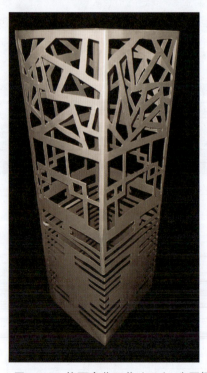

图4-42 柱面变化习作（2） 朱国辉

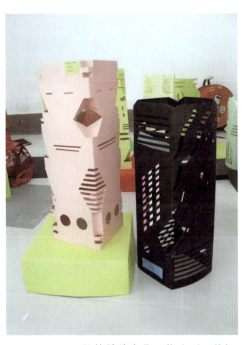
图4-43 柱体棱线变化习作（1）范轩

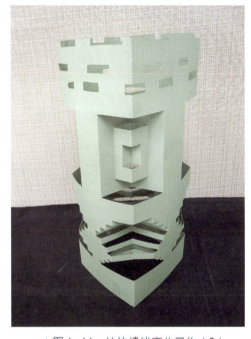
图4-44 柱体棱线变化习作（2）

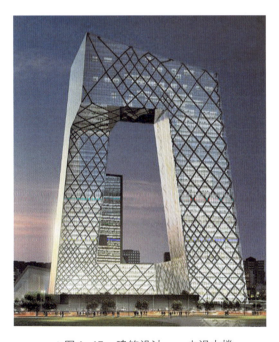
图4-45 建筑设计——央视大楼

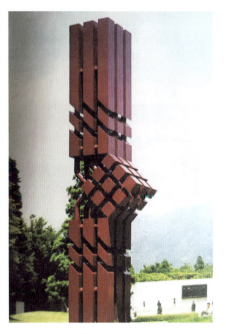
图4-46 雕塑设计 Gonzalez Gortazar

4.3.3 块式立体造型构成

体块是塑造物体时使用得较广泛的素材，它能表现出物体的造型与结构美感。体块状的物体是具有长度、宽度、深度的三维空间形态。块的立体构成，无论是实心还是空心，凡是封闭性的体块都具有重量感、稳定感和充实感（图4-47）。

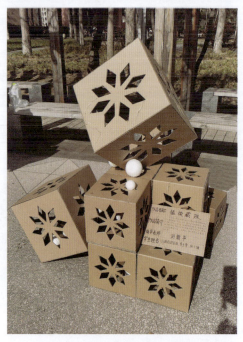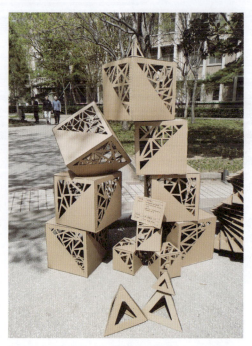

图4-47　块的立体构成　李月彤、陈猛、毕洁航、刘晓雨、时亚丽、李玉莹、张子健

（1）几何体单体与几何多面体构成

几何体单体是立体构成中最基本的块立体形式，也是设计各类多面体造型的基本形态（图4-48）。

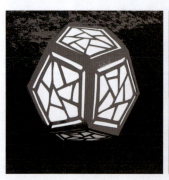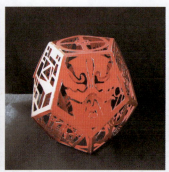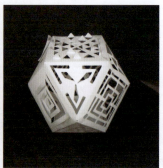

图4-48　几何多面体习作（1）　徐启涵等

几何多面体构成就是在平面上按照一定的规律进行切割和折叠，使平面上的某些部位在视觉上显得立体起来。它的特征是多面体的面越多，越接近球体。球体结构有柏拉图多面体和阿基米德多面体两种类型。柏拉图多面体都是由同样的面型构成，主要有正四面体、正六面体、正八面体、正十二面体、正二十四面体。除了柏拉图多面体这五种类型外的多面体，统称为阿基米德多面体，它主要是由两种或两种以上的面型所构成，如等边十四面体、等边十六面体。几何多面体的面、边、角都可以进行变化处理，如挖切、凹凸等，可以产生丰富多变的视觉效果（图4-49～图4-51）。

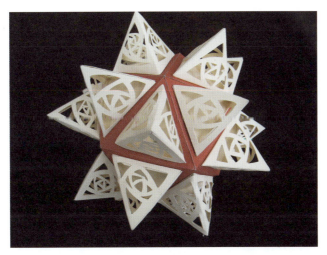

图4-49 几何多面体习作(2) 学生习作

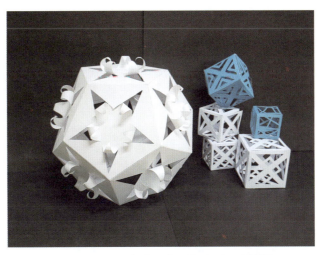

图4-50 几何多面体习作(3) 王妍妍

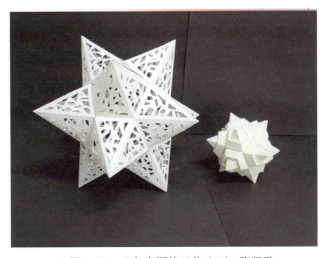

图4-51 几何多面体习作(4) 张凯歌

（2）块体集合构成

利用不同的切割法产生的各类立体形态元素，可用不同的结构方式来进行组合，从而构成新的块体集合，构成立体形态。组合方式有排列组合和积聚组合。

排列组合是若干个不同或相同的单体的组合，利用不同单位做渐变式的排列，以达到好的视觉效果。比如，由方到圆的渐变、由大到小的渐变、放射形式、旋转形式等。在实际设计制作中要注意形态位置变化、方向变化和数量变化等。

积聚集合的形态必须是由两个或两个以上的个体构成以产生的新的形态。可以是相近或相似的形体进行组合，也可以是同一形体的重复组合。集聚的方法比较自由、随意。在实际制作中要注意形态的节奏韵律感、方向感等（图4-52、图4-53）。

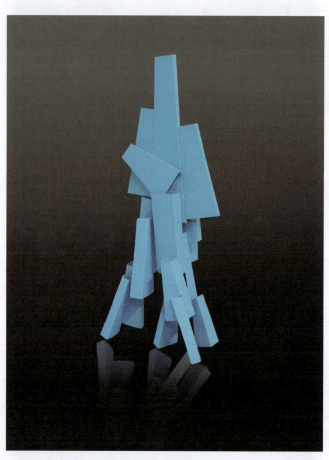

图4-52　块体集合构成（1）

4.3.4　线材造型立体构成

在立体构成表达中，线材是以长度为特征的型材，能表现各种方向性和运动力，其长度远远大于截面的宽度，具有连接空间的作用。线的形态与材质各异，给人的心理感受也不同。线材构成就是利用线材进行的立体构成，有硬质线材构成和软质线材构成之分。硬质线材有木、塑料，还有铁、铜、铝等金属线材；软质线材有棉、麻、丝、化纤等软线（或软绳）。

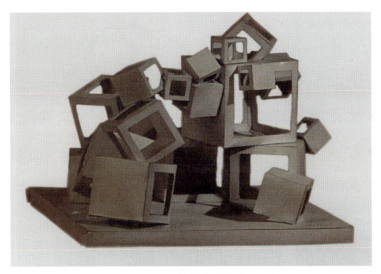

图4-53 块体集合构成（2）

线材的性质决定了线材构成的特点。线材本身不具有占据空间表现形体的功能，但它可通过线群的集聚表现出面的效果。设计时运用各种面加以包围，形成一种有虚实对比的通透的效果，这也是线材构成的基本特点，可以形成一定的封闭式的空间立体造型。线集聚而成的空间体由于具有半透明性，让人通过线与线之间的间隙可以看到形体以外的空间，从而扩大了实际的视域和虚空间（图4-54）。

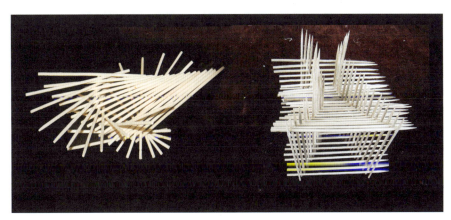

图4-54 线材造型立体构成学生习作

（1）硬质线材的构成

硬质线材的构成一般采用木条、金属条、塑料吸管等材料来构成空间体。构成手法有插、挂、粘等固定法（图4-55）。

① 单线构造　单线构造就是只用一根线材所构成的立体造型。常用的造型方法是对一根连续的硬质线材进行加工，并通过曲直、长短、动势等形态结构变化，创造线的流动感和变化有序的立体特征。常用的材料有塑料皮电线、铁丝、漆包线等。依据线形的结构特征，单线构造可分为直线的连续构成、曲线的连续构成以及直线与曲线结合的连续构成三种基本形式。单线构造的基本造型特点是用线条表现空间变化的丰富性、流动性和整体韵律的生动性（图4-56）。

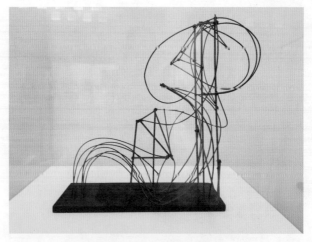

图4-55 硬质线材构成

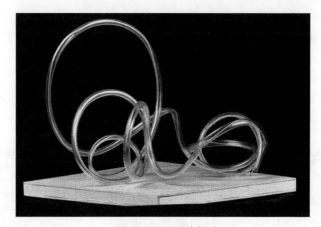

图4-56 单线构造

② 框架构造　在实际运用中，线材所构成的空间必须有框架的支撑，比如采用木、金属等材料来制作框架。框架构造是以同样粗细的单位线材，通过粘接、焊接、铆接等方式接合成框架基本形，再以此框架为基础进行空间组合。框架的基本形可以是平面的正方形、三角形、圆形、多边形等和立体的正方体、三棱锥体、多面体、圆柱体等形态。框架构造的形式又分为重复线框、渐变线框、自由组合框架三种基本形式（图4-57、图4-58）。

　　a.重复线框　重复线框是将相同的独立线框按一定的秩序排列和交错进行垒积，以创造整体的节奏感、丰富感和耐看性。

　　b.渐变线框　渐变线框是用大小渐变的独立线框排列、插接，以此构成秩序井然的框架渐变形式。

　　c.自由组合框架　自由组合框架是采用形态类似的独立线框进行自由组合。框架有整体感，结构稳定，能充分体现空间的合理分割。

③ 垒积构造　垒积构造是把硬质线材进行垒置、粘接，并运用美的形式法则所创造的立体构成形式。垒积构造常用的线材有木筷、竹牙签、玻璃棒、塑料、吸管等不同材料，不同的材质对于知觉感受会形成不同的影响。垒积构造的关键是把握形态的重心位置，通常重心的垂线只有落在支撑面内才能构成稳定的构造。垒积构造通过灵活调节线材

长度、粗细、方向和动势,来创造形态的空间关系、平衡关系和虚实感,并注重整个形态的韵律与节奏(图4-59、图4-60)。

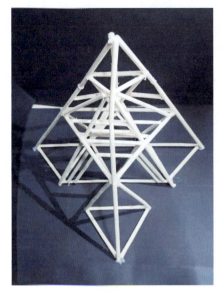
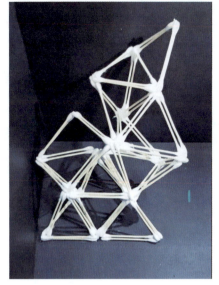

图4-57 框架构造习作(1) 许诺 郑文娟

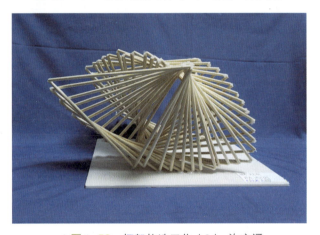

图4-58 框架构造习作(2) 许启涵

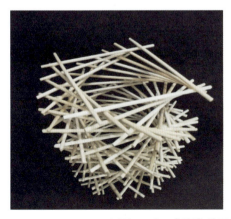
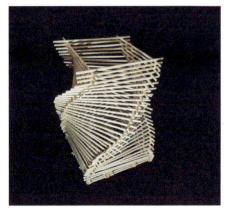

图4-59 垒积构造习作(1) 李文平 刘文静

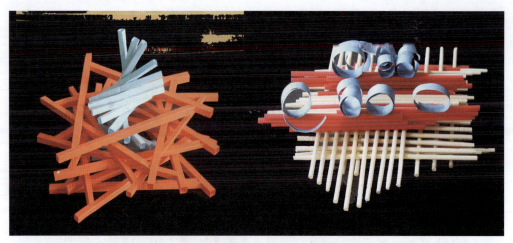

图4-60 垒积构造习作（2） 李萌 冀会萍

在日常生活中，如超市商品的陈列和展示、木材的晾晒等都具有垒积构造的表现特征。

（2）软质线材的构成

软质线材由于柔软纤细，通常用硬质线材作为引拉软线的基体（即框架）。框架是用来支撑、固定线材的，应以结实、牢固为好。框架的基本形态有立方体、三棱锥体、圆柱体、多边柱体、圆环等。构成方法是将软质线材的两端固定在具有一定形态的框架上，框架上的接线点的间距可以等距也可渐变，线的方向可以垂直也可倾斜，从而形成网状形态。框架造型控制总体（图4-61）。

① 线群构造　线群构造是指将软线按照一定的秩序在框架上进行排列。线群的存在形式主要有并列组合、交错组合、聚集发散等形态。并列线材之间的空隙大小、宽窄、远近等所产生的空间虚实可形成空间的流动感和节奏感，让人透过缝隙可以看到其他不同方向排列的线段，空隙带来的透明感更加丰富了形态的美感。交错线材在空间中成角组合，彼此互相穿插，具有强烈的空间感和丰富的层次关系。聚集发散是多根线材通过聚集自然形成疏密变化，聚集密度高的地方显示堆积的感觉，聚集密度低的地方形成发散、舒展的特征。

② 编结构造　编结构造是指采用编织、结扣等工艺手段所构成的线材造型。一般常用毛线、麻绳、尼龙丝等各种柔软性的软质线材。在立体构成中，采用不同的编结方法能够形成不同的形态特征。编结从形态知觉的角度可分为抽象编结和意象编结，抽象编结一般比较侧重于对编结造型节奏和韵律感的表现，意象编结是主要依据具体生活素材进行写生变化的编结造型（图4-62）。

③ 线织面构造　线材按照框架的形态结构逐渐地排列出相应的曲面或直面，这种造型方法称为线织面构造。为线织面作基面或框架的形态一般是比较规范的几何形体。造型简约的框架与结构繁密、层次细腻的线织面形成鲜明的对比，在硬与软、简约与繁密、明快与细腻的对比中体现出线织面所特有的韵味和魅力。线织面所使用的织面线材主要有毛线、棉线、尼龙线、麻绳等。在同一线织面作品中，既可采用单一色彩的线材，也可采用两种以上的彩色线材，充分发挥出色彩的调节作用，体现作品的丰富层次（图4-63）。

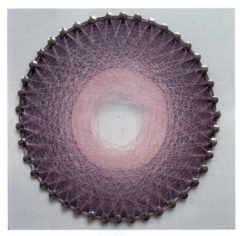
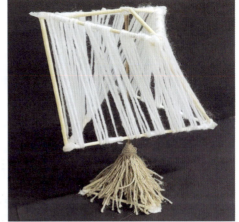
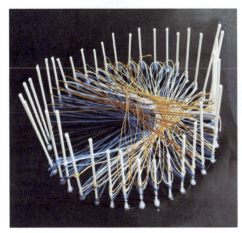
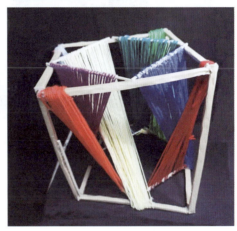

图4-61　软质线材构成　朱文芝　亢宏慧　施雨彤　郑文娟

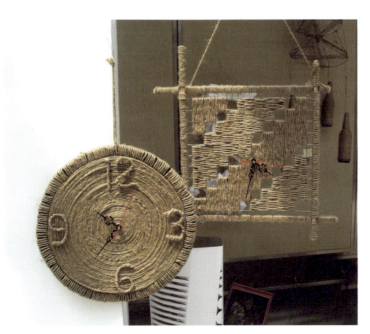

图4-62　编结构造习作　焦美丽

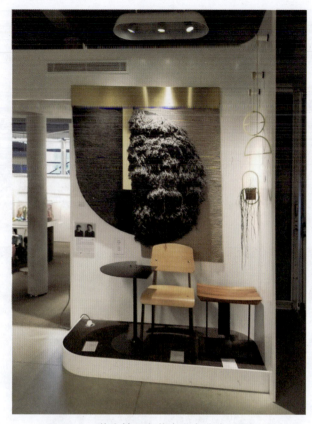

图4-63 蓬皮杜国家艺术和文化中心展示设计

4.4 空间形态与立体形态

4.4.1 空间形态与立体形态概述

4.4.1.1 空间形态

空间是指由实体围合而成的负形部分,也可以说是实体周围的空虚部分。空间是非物质存在,人们看不见,但可以感知得到,是一种心理感受的结果。空间本身是无法自己限定的,它必须依附于一定的实体,所以,我们在创造一个空间形态时,实际上是在创造实体形态。立体构成中,除了造型形态的实体之外,还有一些虚拟的空间形态,这种空间形态几乎涉及一切艺术设计领域。

(1)空间形态的分类

空间形态的范围很广泛,从大的方面看,可分为物理空间和心理空间。物理空间是指物质形态存在的形式。物理空间依靠物体形态的长度、宽度和深度来表达,也是客观存在的。物理空间和物体形态是相互依存的,物体形态存在于物理空间中,而空间则要依附于物体形态。除了物理空间外,还有心理空间,即没有明确的边界,但可以感受得到的空间，也是由形态限定所致（图4-64、图4-65）。

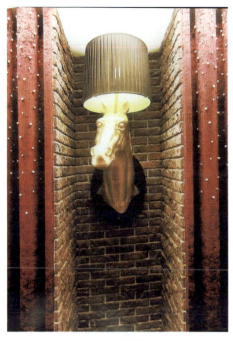
图4-64 空间设计（1）

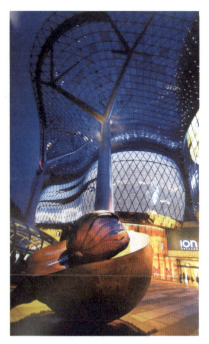
图4-65 空间设计（2）

① 按空间的本质分为现实空间形态和非现实空间形态 现实空间形态包括自然空间形态和人工空间形态，非现实空间形态包括几何形态和抽象形态等。

② 按空间的形式分为实际空间形式和意象空间形式 实际空间形式属于物理空间，是形体所占有或限定的空间存在形式，大致有以下三种形式：内空间，其是指被包围在形体内的空间，主要指不完全包围的内空间，有半封闭性和不封闭性两种形式；外空间，其是指形体之外的空间，包围着形体，同时受形体的制约，外空间的空间感没有内空间的空间感强，但具有开阔的视觉感；内外空间，其是指一个形态的内空间里包含着另一个形体的外空间，这种空间有丰富的层次感和视觉效果。

意象空间形式属于心理空间。意象空间有内力空间意象、动态空间意象、指向性空间意象和体面空间意象四种形式，它是在不增加形体对实际空间的占有的基础上由人们的视觉来获取的（图4-66）。

（2）空间与形态的关系

空间与形态有着密不可分的关系，是一个不可分割的连续体。不能用孤立的眼光来看待空间，空间和形态是互为表现的。没有足够的空间，形体就无法放置；没有一定的形体限制，空间就只是一个无限的时空概念。空间先于形体而存在，但形体决定空间的性质。从创造的角度看，空间不仅对形态产生作用，而且它本身也可以作为一种形态来表现。在许多的艺术造型中，都可以看出空间作为特有的艺术形态体现出来，例如古代园林中的假山造型设计，其中通透的元素就是强调空间要素在造型中的运用。

空间和形态是相互表现的，没有足够的空间，形体无法被容纳。英国雕塑家亨利·斯宾赛·摩尔（Henry Spencer Moore，1898—1980）曾说"形体是受空间包围的，这个空间紧密地接触形体，挤压形体，或者联系各种空间关系，或者对立于各种空间关系，在这种情况下，往往在视觉上造成某种艺术效果"。他的这段话，就很好地说明了空间与形态之间的关系。其雕塑作品中对空洞的设计创造，也呼应了这一关系（图4-67）。

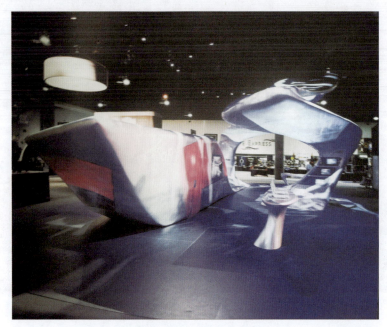

图4-66　空间设计（3）

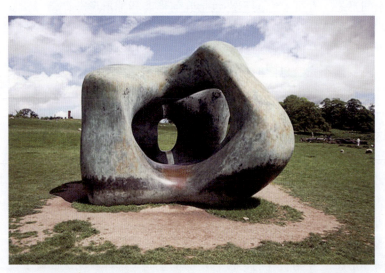

图4-67　对空洞的设计创造——雕塑　亨利·斯宾赛·摩尔

当今，人类加强了对环境的保护，在设计方面向往一种人与自然协调发展的空间环境，这种形式在设计中被广泛推崇，例如美国著名建筑设计师赖特设计的流水别墅，充分利用地形、水体等自然环境，依山傍水，造型独特，做到了建筑主体与自然环境的完美结合，建筑形态不是刻意强加于环境，而是自然成长于环境，是形态与空间环境相互依存的一个典范（图4-68）。

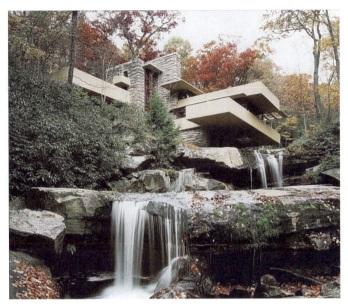

图4-68 流水别墅 赖特

（3）空间形态的特征

在现代空间形态构成中，综合听觉、触觉和知觉的作品逐渐呈现出来，在强调空间变化、注重作品与人的交流上都有新的理解。空间形态所传达的不仅仅是单一的立体形体，同时还有空间因素和人为因素等特征。现代的立体设计不单纯局限在一个物体本身，而是在描述一个物体形态与环境的关系，每一件作品都应在造型存在与环境对话中给人视觉、听觉、嗅觉等全方位感受。空间形态的特征表现在以下几个方面：物理空间与心理空间的统一性、物体和视觉的相对稳定性、感官性和空间形态的虚实相生性等。例如，一个相对静止的物体处于一个空旷的环境中，由于它是单一的，因而显得独立和自由，但又静止和单调。相反，在同样的环境中出现的川流不息的人群、高低各异的建筑群，由于远近、虚实、动静、色彩等的不断变化形成视点的运动，则给人层次感强的空间感和视觉氛围（图4-69、图4-70）。

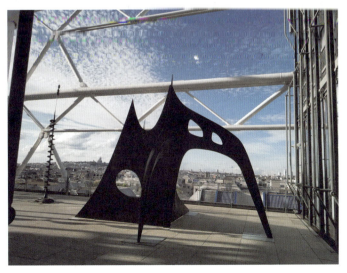

图4-69 蓬皮杜国家艺术和文化中心雕塑设计

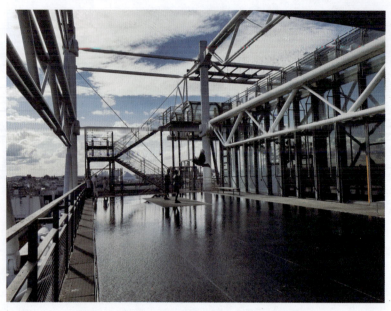

图4-70 蓬皮杜国家艺术和文化中心空间设计

4.4.1.2 立体形态

我们生活在三维空间中,每天所接触的各种物体都是一个立体三维形态。在立体构成中,形状不等于形态,立体形态是对多维空间的一种空间体验,必须满足从各个方面都可以看到和接触到的要求。人们可以通过视觉感知,也可以通过触觉加以感受,从物体本身的体量与质感来认识物体(图4-71)。

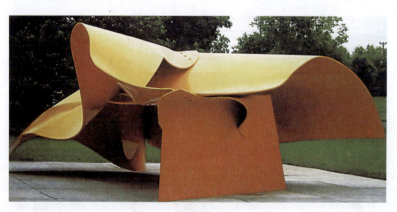

图4-71 立体形态——雕塑

(1) 立体形态的语义

立体形态是占据三维空间的实体形态,也是一个充实的封闭空间。对立体形态的认知,主要是靠人们的视觉对结构形态、色彩肌理等因素所传达的象征意义的把握。本节通过两种主要立体形态的语义来说明。一是几何形体的语义,比如球体具有向心性和集中性,兼具美感和秩序感;立方体有平静、稳重的特点,但缺乏方向性和动感;正置的锥体有稳定感,倒置则有危险感等。二是有机形的语义,有机形大都是自然的产物,具有完美的形态,大都具有相当圆润的曲线特征,具有生长感、膨胀感和自由感。

（2）立体形态的量感与创造方法

立体形态的量感包括物理量和心理量。物理量指立体形态的大小、重量和数量聚集的多少，物理量通常能测量出来；心理量是指人们感受了某一立体形态后所产生的心理反应，比如对形态结构和体量的感受，心理量是无法测量的。对于形态的体量、结构和数量这些物理量，我们很容易区分，但每个形态对人们产生的心理影响就很难说清，这种心理的量只能感受，而且是由立体形态所决定的。

① 立体形态量的增减　立体形态的量发生变化，可以创造出新的形态。在设计中，对单体进行量的增减，可产生许多新的形态，比如石雕艺术；单体在数量或质量上的增减，比如对两个以上的几何体中的某个进行量的增减，也能重新产生新的形态。在现代设计中，立体形态形的组合排列被广泛运用于抽象雕塑和公共艺术作品中。

② 立体形态形的变化　立体形态的量不发生变化，只是通过形状的改变，也能创造出新的形态。通过弯曲、折叠、切割等变化，可使立体的形产生空间变化。将几何形态向有机形态转化或将有机形态向几何形态转化，也能产生新颖的立体形态。而不同的角度又会产生不同的形的视觉感受和情感体验，具有丰富的变换性（图4-72）。

（3）空间形态与立体形态

立体形态和空间是不可分的，任何一个立体形态都要占据一定空间。立体构成中的形态设计，本身就是一种空间艺术。空间原本是无形的，要使空间成为形态，就必须借助实体来完成。实体与空间是相互依存、相互映射的关系，具有同等的地位。立体形态依存于空间中，而空间若离开了实体，也无法被感知到。三维立体形态要占用一定的空间而存在，而且必须要有使形态存在的周围空间。在立体空间中，要重视形体与所处空间的关系，处理好它们之间的虚与实、正与负的一些关系，比如家具设计，除本身占用的空间外，还充实了室内空间，成为构成室内空间的艺术要素，创造了富于变化的空间形式。

4.4.2　空间形态的构成形式与方法

4.4.2.1　空间单元形态

空间单元形态也可以理解成空间单元体的形态。体是具有长、宽、高的三维形体。在形态结构上，它有实体、虚体、点化的体、线体的体以及面化的体之分。不同的空间单元形态所传达的视觉感也不同，比如由完全充实的面围合的实体给人以封闭感，而由空虚的面围合成的虚体则给人通透轻盈感。空间单元形态的构成方式主要是分割和积聚。在空间形态的创造中，分割和积聚相互补充，旨在塑造和谐贯通的空间单元形态。

空间单元形态从大的方面分为实体和虚体两大类。实体具有封闭性和充实性，量感强，强调正形；虚体具有开放性，以负形为优势。空间单元形态的基本形态有以下三种：一是直面形体，直面形体是平面表面所构成的形体，有明显的转折面，形体简单有力且理性化；二是曲面形体，曲面形体是由曲面或曲线所构成的形体，和直面形体相比，它具有活泼感、流动感，富有个性，节奏、韵律较强；三是六种基本形，包括圆柱体、椭圆体、圆球体、角锥体、圆锥体和棱柱体。空间单元形态是立体构成的基本要素，通过积聚或分割，可创造出新的形态（图4-73）。

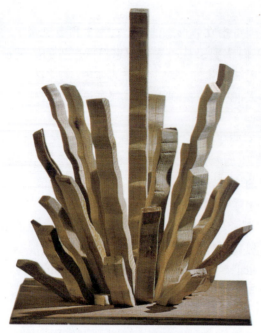

图4-72 立体形态形的变化

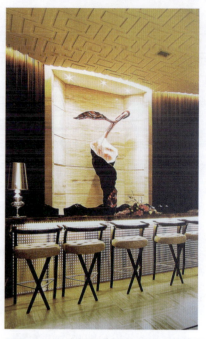

图4-73 空间形态的实体和虚体表现

4.4.2.2 空间单元形态组合

如同自然界的生存规律一样,物体也总是以群组的方式出现、存在。在立体构成中,形态同样以组合系列的形式出现,因此,在确定了单元体基本形之后,还要学习如何组合。组合是基本形要素的组合,是把形态要素和结构组织起来构成新的形态,它是立体构成的核心,也是立体形态的存在形式。任何立体形态都是单元形态之间以及单元形态和空间组合的产物(图4-74)。

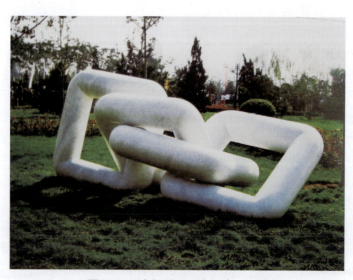

图4-74 空间单元形态组合——雕塑

(1)空间单元形态组合的基本方式

空间单元形态组合的基本方式是群化(积聚)和分割。单元形态的群化是利用加法原理，在组合时要考虑形与形之间是否融合，高低疏密是否得当等。单元形态的分割是利用减法原理，是对整体形态采用不同的分割方法获得的。

（2）空间单元形态组合的构造方式

相同单元体组合是指在形态构成上，所有的单元体都是同一或近似的造型，单元体组合后具有较强的连续性和厚重感；不同单元体组合是指单元体的形态都不同，组合后具有自由感和抽象性。

① 自由组合　组合的结构没有规律或结构不明显，在组合时较随意，没有框架和规律的限制，给人的感觉是比较自由舒展。可以采用单元体和线的组合、规则体与不规则体的组合等手法（图4-75）。

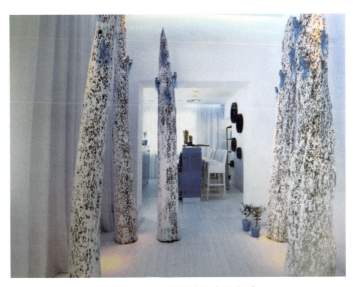

图4-75　单元体的自由组合

② 规律组合　组合有规律的单元体结构形式，在大小或方向上进行渐变、旋转等，常采用并置、叠层等手法（图4-76）。

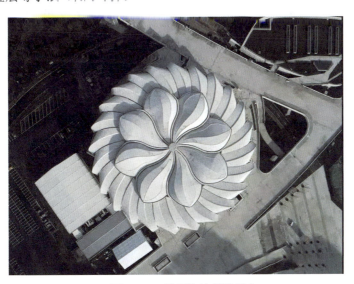

图4-76　单元体的规律组合

4.4.2.3 空间单元形态组合的构成方法

在空间单元形态组合中,要注意集合结构的设计,如方向、虚实等,还要处理好单元体与结构的关系。结构设计和单元体设计之间是相互影响的,简单的单元体组合的结构要相对复杂,而复杂的单元体组合的结构方式相对简单些。空间单元形态组合主要有以下几种。

① 重复构成　利用基本单元形的反复组合,产生强烈的律动感和统一感(图4-77)。

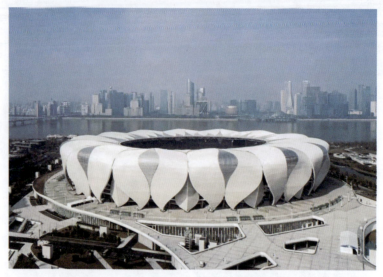

图4-77　杭州奥体中心　单元体的重复构成设计应用

② 近似构成　在单元体的形态、色彩、肌理、材质的近似微妙变化中,取得有机的联系,和谐统一中又富有变化。

③ 渐变构成　利用单元体之间的形态、色彩、材质等要素的渐变,产生一种时间的流动感和秩序感。比如单元体自身的渐变、单元形态之间的渐变、单元形态大小和色彩的渐变等(图4-78)。

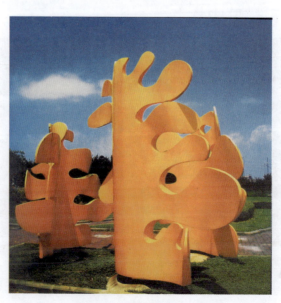

图4-78　渐变构成——雕塑

空间单元形态多样性组合的构成方法增添了设计审美的秩序性和丰富性，使造型增加了更多的趣味感和灵活多样的空间形式，在现代设计中也被广泛运用。

4.5 立体造型空间的实践运用

立体构成在现实生活中和设计实践中的应用非常广泛。人们生活在各种三维的形态环境中，从日常使用的各种物品，到所居住的环境，都是三维形态，因此，与二维空间相比，三维空间与人更加息息相关。立体构成作为现代设计的重要组成部分，已经不单单作为一种简单的造型手段和一门独立的学科出现，已经渗入到各个领域中并在其中发挥着重要作用，成为实现艺术造型目的的一种思维方式和方法。立体构成所涉及的学科有建筑设计、工业设计、室内设计、服装设计、雕塑设计、广告设计等诸多设计行业，它们的特点是以实体占有空间、限定空间，并与空间一同构成新的环境、新的视觉产物。由此，人们给了它们一个摩登的称谓——空间艺术。

立体构成的目的在于培养造型的感觉能力、想象能力和构成能力，其设计应用包括技术、材料在内的综合训练。立体造型空间应用是以一定的材料，以视觉为基础，以力学为依据，将造型要素按照一定的构成原则，组合成美的形体。立体造型空间应用研究立体造型各元素的构成法则和实践应用。

4.5.1 立体构成在包装设计中的应用

商品包装设计中一个最重要的设计元素就是包装的造型设计。与其他诸如建筑设计、工业产品设计的道理一样，包装的盒型设计、容器造型设计都是由其本身的功能来决定的。立体构成在包装盒造型设计和制作中起到了很重要的作用。将立体构成的原理合理地运用在包装的造型结构设计中，是较为科学和简易的一种设计手段。

以商品包装中最常见的纸盒包装为例，纸盒是一个立体的造型，它的成型过程是若干个组成的面经移动、堆积、折叠、包围而成一个多面形体的过程，面的接合通常以点接、线接、面接等方式出现在盒盖、盒身和盒底结构之中。立体构成中的面在空间中起分割空间的作用。对不同部位的面加以切割、旋转、折叠，所得到的面就有不同的情感体现。比如平面有平整、光滑之感，曲面有柔软、温和、富有弹性之感；圆的单纯、丰满，方的严格、庄重，而这些恰恰是我们在研究纸盒的形体结构时所必须考虑到的（图4-79）。

在包装设计中，包装结构在针对商品的功能特性上，应充分发挥多面体的成型特点。立体构成中关于多面体的研究，在于寻找多面形体的面与面之间的变化规律，探索形体的面的变化与材料强度的关系，巧妙地运用立体构成丰富的形体语言来表达包装商品的特性及包装的美感（图4-80）。

4.5.2 立体构成在工业设计中的应用

工业产品设计是艺术与技术的融合，是工业产品的使用功能和审美情趣的完美结合，所以，在工业产品设计中特别强调产品设计的功能性、审美性和经济性。

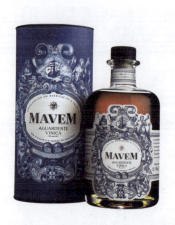
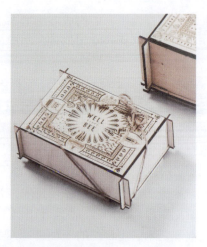

图4-79　包装设计（1）

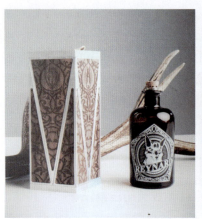
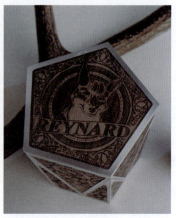

图4-80　包装设计（2）　Robbe Callewaert

工业产品的设计在一定意义上说就是把抽象的设计理念和技术，转化成为可以付诸实践的物体。这就要发挥立体构成中的创造性思维，掌握立体构成的设计理论和方法，与工业产品进行融合，并且体现一定的实用功能。现实生活中，许多家具或灯具其实就是立体构成的直接应用，其本质和特性通过一定的造型具体化和明确化，实现其产品的实用价值。产品设计的第一要素虽然是功能性，但在许多产品设计中，还具有造型上的合理性和审美性，使产品具备更丰富多样的外观形象（图4-81～图4-83）。

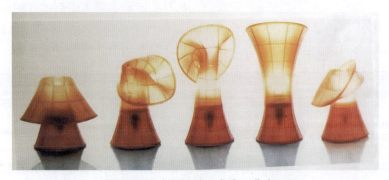

图4-81　台灯设计　卡洛·弗克里尼

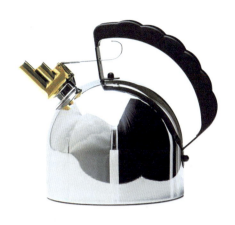

图4-82　意大利阿莱西公司设计的水壶

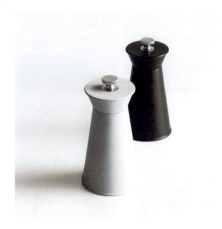

图4-83　意大利阿莱西公司的经典设计

4.5.3　立体构成在环境景观设计中的应用

　　立体构成手法在景观中的应用已成为现在景观设计师经常用到的手法，立体构成对景观格局的影响也不容忽视。景观设计的宗旨是景观与自然和谐统一，景观要素的组成也多以自然要素为基础，然而过分强调对自然的关注就会忽略对形式美的追求，缺乏创造性。所以，在现代景观设计中，应在师法自然的同时结合艺术设计中的立体构成手法，使景观形式丰富多样。立体构成已经成为景观设计师所惯用的设计语言之一。

　　环境景观设计中的立体构成主要描述环境与物体的关系。所谓环境就是一个空间概念，是指立体形态的物体在环境中所占有的限定空间。建筑形态不是刻意强加于环境的，而是自然成长于环境之中（图4-84）。立体构成主义的一些形式语言被运用到景观设计的表达中。美国设计师克雷设计的米勒花园，就是以建筑的秩序为出发点，将建筑的立体形态扩展到周围的庭院空间中去，通过结构和围合的对比，塑造了完美的室外功能空间。

　　在日常的环境景观设计中，设计师常常还会在开敞的入口用植物或小物品来阻挡一下视线，人们绕过障碍景物后，便进入了另外一个空间，从而心情愉悦。用植物封闭垂直面，形成了立体的绿植垂直空间。如法国凡尔赛宫景观设计中也多处运用这种半开敞空间的封闭面阻挡人们的视线，从而引导空间的方向，达到园林造园中"障景"的视觉效果（图4-85）。在一些城市中的街道，设计者也常常会借助立体构成的原理，种植一些高大的乔木，这些植物经过多年的生长，树干越发高挺，从而使整个街道形成一个"夹景"的立体空间。

4.5.4　立体构成在建筑造型设计中的应用

　　构成艺术作为建筑设计的基础，与建筑具有密切的联系。而立体构成作为构成的一种，在建筑设计中也起着重要的作用。诸如立体构成中的秩序、节奏、体量、比例等都是可以直接用于建筑设计的基础内容。立体构成通过使用各种基本材料，将造型要素按照形式美的原则组成新的立体空间。立体构成与建筑设计的相似性在于建筑是抽象的构成应用于生活中的一种具体的表现形式。在设计中运用立体构成的相关原理不仅能合理地构成建筑空间，而且能创造建筑形象的抽象美。立体构成表现在建筑形态中，它的艺术美也为建筑注入了情感力量。建筑美学主要侧重于形式构图上的研究,大都是以简化概括的抽象形式来强调空间艺术,在形体与空间、方向与位置、曲直与层次上大都采用立体构成中分割与削切的手法,使建筑构成语言的表达得以深化和扩展(图4-86、图4-87)。

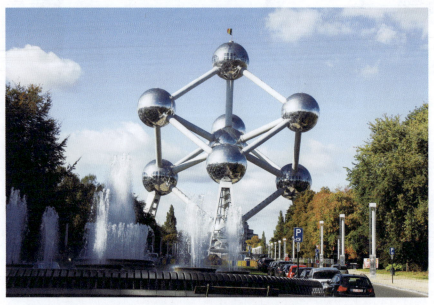

图4-84 布鲁塞尔原子塔

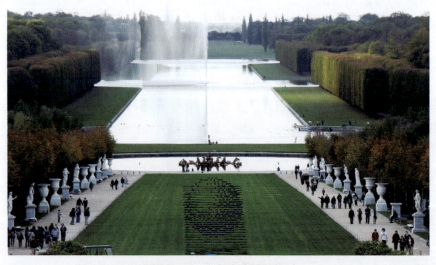

图4-85 凡尔赛宫景观设计

建筑设计是对空间进行研究和运用的艺术形式,空间问题是建筑设计的本质,在空间的限定、分割、组合的过程中,通过立体构成概念要素的重新组合,即用点、线、面、体这些纯粹的概念要素的运动变化构成新的形态,把各种要素通过一定的构成规律进行运动变化,即组合成新的空间建筑造型,同时注入文化、环境、技术、材料、功能等因素,从而产生不同的建筑设计风格和设计形式(图4-88 、图4-89)。

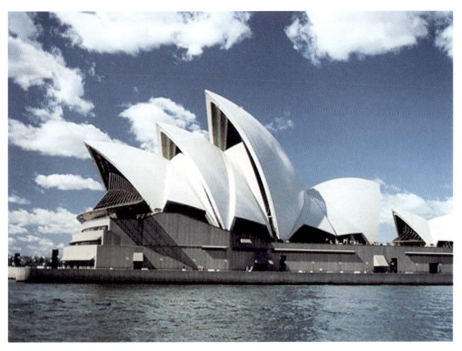

图4-86 悉尼歌剧院

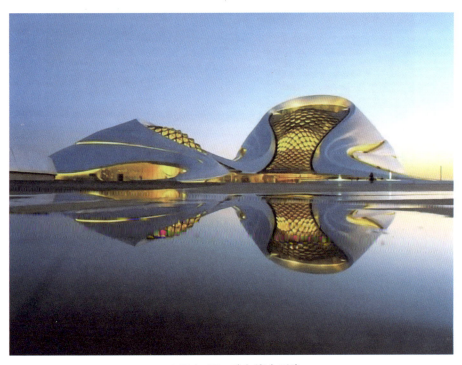

图4-87 哈尔滨大剧院

总之,立体构成已经很好地运用、渗透到了多个学科中。在室内设计、景观设计等学科领域,立体构成也起到了重要的基础作用。所以,我们在学习好立体构成的相关知识的同时,也要多与其他学科相结合,找到学科之间的共性与各种形式之间的关系,做到学科互补,共同发展。

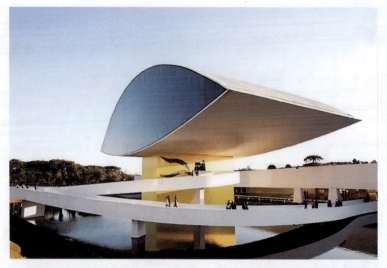

图4-88 奥斯卡尼迈耶博物馆

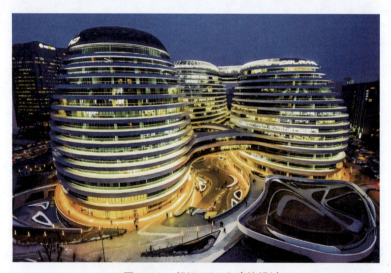

图4-89 银河SOHO建筑设计

第 5 章 设计构成与新材料的运用

导言：

材料是设计的物质基础和载体，每一种新材料的发现和应用，都会产生不同的成型加工方法和工艺制作方法，从而导致设计的巨大变化，给设计带来新的飞跃，材料的审美变革与肌理特性的进化形成新的设计风格。同时也给设计提出更高的要求，进而形成设计发展的推动力，甚至引发新的设计运动。人们在设计探索和创造中发现自然、生活、心灵的美，感受设计发乎本色的真实力量。

5.1 设计材料的审美与肌理的特性

5.1.1 材料的审美与肌理的特性

材料和工艺，是艺术设计的物质和技术条件，是实现艺术设计的必要条件。任何一件艺术作品，只有合理利用材料的性能特点及其加工制作的工艺性，并了解肌理的美感及材质应用特性，才能达到设计的目的和要求。对新工具、新材料、新工艺的研究，本身就是设计师能力的一部分。

材料是设计的物质基础和载体，肌理则承载着材料的运用。设计材料由比较单一的织物、木材、陶瓷、玻璃、金属到越来越丰富的塑料、复合材料，为艺术设计展开了一个广阔的天地。从视觉上判断不同材料的质地，主要依靠材料的外在面貌——肌理。肌理，可以理解为能够看得见的质感，但肌理与质感又不同，肌理是一种通过视觉感知的纹理图案的表征和触觉上的软、硬、粗糙、光滑的心理感受。肌理纹理的凹凸、疏密等变化可以增强立体感。质感则更强调事物内在的材料属性。棉、麻、木、石的纯朴舒适，玻璃、钢铁的坚硬冷漠等可以丰富造型的表情和设计师的语言，帮助观者理解和强化对材质的感受。

设计师选择材料往往建立在个人的、物理的、化学的或者美学的倾向上，材料是进行设计陈述、表达创意构思的媒介物（图5-1）。为了更有利于表现设计师的构思和作品的材料特质，设计师或者侧重于表达一种纯洁晶莹的光滑透明感，或者是经得起腐蚀锻造的材料所表述的沧桑肌理，也可能是一种能够敲、打、卷、切、扭曲、雕凿的东西，以及强调粗糙感与光滑感的并置对比,并为明确这些因素反复做实验,这是一种艰辛而有趣的探索。当然,对选择的材料还要考虑使用寿命,以及影响使用寿命的各种因素。设计通过材料和工艺转化为产品。基本功能相同的产品,由于采用了不同的材料和加工工艺,就可以带来巨大的形态变化及肌理质感的新体现,随后带来的便是使用功能和精神的变化(图5-2)。

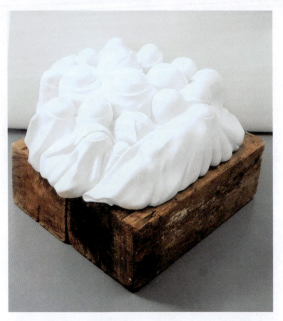

图5-1　雕塑材料　路易斯·布尔乔亚

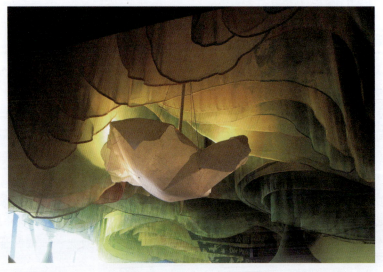

图5-2　室内设计材质肌理效果

(1)材料肌理的时间性

材料肌理本身有时间性。时间留下岁月的痕迹和古朴的、悠远的印记,许多生活的故事在时间里沉淀。肌理暗含时间的概念,会使不同的人因为自己不同的经历产生共鸣。

一位满脸沧桑的老人比一个光滑白皙的脸蛋更让我们印象深刻，古老的建筑随着时间的推移而带着历史的痕迹，有时会比一栋崭新的大楼更吸引我们，这都可说是时间的力量（图5-3）。

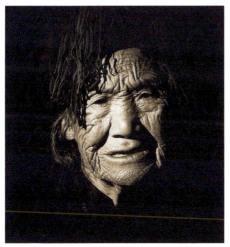 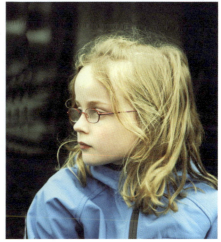

图5-3　肌理的时间性

（2）材料肌理的本质性

材料肌理可以反映事物的本质。材料肌理之所以能突出事物的本质，是因为它的真实性，它更接近事物的本质，是区分物与物之间的区别不可缺少的凭证。肌理虽然没有现代技术准确，有时甚至是粗糙的，但它是最真实的、最生动的，反映出不同时代的物质科技水平和审美特征（图5-4、图5-5）。

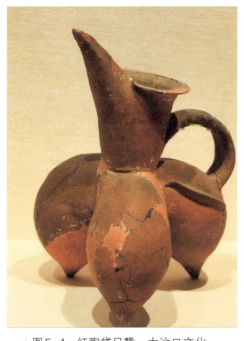 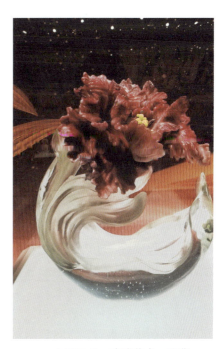

图5-4　红陶袋足鬶　大汶口文化　　　　　　图5-5　琉璃艺术　现代

（3）材料肌理的应用性

材料肌理的应用性体现在材料和工艺上。随着现代工艺的发展，材料领域的科学家们不断发现和创造出新的材料和开发出新的工艺，每年都有很多新材料、新工艺投入生产和应用。这些新材料和新工艺对产品设计师而言，无疑提供了更丰富的想象空间，便于创造更为多样化的形式（图5-6）。

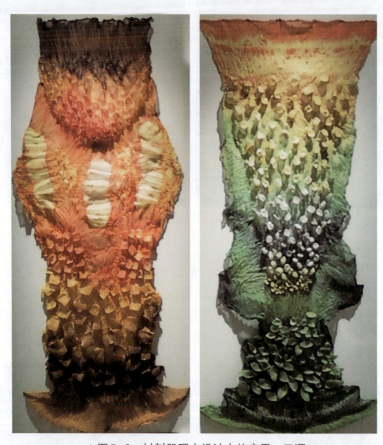

图5-6　材料肌理在设计中的应用　田顺

5.1.2　设计构成色彩肌理的形式语言

色彩的肌理总是伴随着材料的变化而出现不同的效果。色彩肌理由于材料表面组织的结构不同，吸收与反射光的能力也不同，因此能够影响物体表面的色彩效果。光滑的表面反光能力强，色彩不够稳定，明度有提高的现象；粗糙的表面反光能力很弱，色彩稳定，粗糙到一定程度后，明度和纯度看起来比实际有所降低。色彩与物体的材料性质、形象表面纹理关系极为密切，影响色彩感觉的是其表层触觉质感及视觉感受。

（1）平面设计色彩肌理表现

平面设计及绘画色彩表现中，应用各种色料及绘具能够产生不同的色彩肌理效果，如运用油画、丙烯、水彩、水粉等颜料，结合石膏、沙土、毛毡、麻绳、纸品、塑料等不同的材料，可以绘制、设计出不同意象的艺术作品。若同类色或同种色相配，可选用异质的肌理材料，通过变化来弥补色彩的单调感。不同肌理所形成的装饰效果，既成系列配套，又具丰富多样的材质变化，散发绚丽的色彩魅力（图5-7～图5-9）。

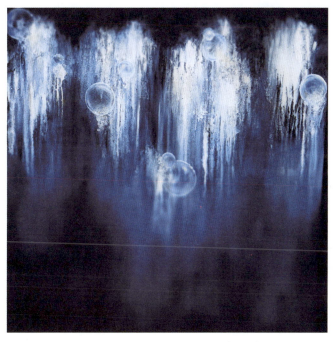

图5-7　Moist Freedom　侯雨晴

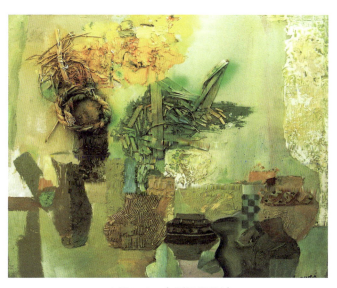

图5-8　色彩肌理设计

　　肌理的设计应用不只是用来满足视觉需要的美，它还通过视觉感受传达某种情感，因此，作品表现中含有肌理的审美价值。肌理美不仅是物体的表面形式美，还细致入微地反映出不同材质的美感差异与情感特质以及个性组织构造。当肌理美被设计在一个版面或空间环境中，要与周围的图形、文字、空间产生一定的材质对比关系，控制肌理元素与其他色彩的平衡关系，更好地把握元素间和谐、整体的美感。

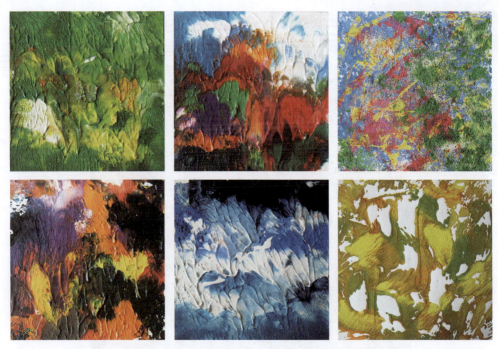

图5-9 春夏秋冬系列色彩肌理构成 班晓旭 于红媛

　　肌理在艺术实践中的运用，不但能丰富艺术的表现力，而且能增加其生动性、趣味性，如同种的颜料采用不同的手法能够创造出许多美妙的肌理效果，运用拓、皴、化、拔、撒、涂、染、勾、喷、扎、淌、刷、刮、点等上色手法，可强化色彩的趣味情调美（图5-9）。

　　对肌理材质美的渴求是对丰富视觉层次的一种追求。当人们既厌烦现代主义或极简主义的平白，又对后现代或者POP的装饰风感到粗俗难耐时，肌理的应用或许是另外的选择项之一，当然这些都取决于肌理本身的特性。各种纵横交错、高低不平、粗糙平滑的纹理变化，在外表与可视的肌理背后常常蕴藏着更为深层的意境之美。在设计中，肌理成为一种特殊形式的美（图5-10）。

　　（2）设计构成的材料特征

　　如果说生产工具标志着生产力的发展，那么设计构成所用的材料工具也可以被认定为设计领域进步的标尺。现代构成涉及的材料和工具越来越广泛多样，各类材料与工具制约着设计作品的肌理效果、质感、量感、色彩、形态，以及带给作者的灵感启发和观者的心理感受。当代艺术设计在材料工具的选择上应该有更强的灵活性和更好的创造力。

　　材料是造型艺术的物质基础，设计造型离不开材料的因素，设计造型是建立在各种材料基础上的各种物体的造型。同一种色彩用在不同的材质上，会产生不同的色彩肌理效果，若采用不同肌埋的材料，如玻璃、金属、塑料、木材、纺织品、陶瓷等材料，所表现出的色彩肌理千差万别。设计构成的最终结果是由材料来体现的，材料的性质会直接影响到物体的视觉和触觉感受。在形态设计中，首先要考虑的就是构成该物体的材料属性，包括其表面肌理、内在特征和象征意义，如白银的高贵、黄金的富丽堂皇、钢材的坚实硬重、木材的温厚自然、玻璃的清澈光亮等都被应用在设计中。

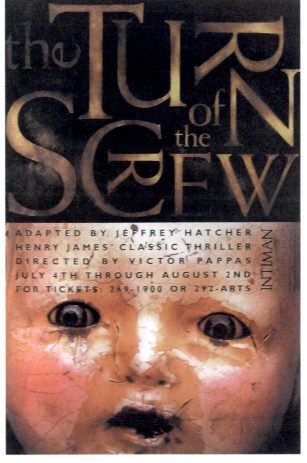

图5-10 《螺丝的转动》戏剧海报

　　合理地、科学地选用材料肌理是设计造型中极为重要的环节。肌理主要依靠触觉和视觉感知，并以此作为分类的依据，分为触觉肌理和视觉肌理。视觉感知到的纹理，依据可视的纹理不同，又可以分为规则肌理和不规则肌理。不同的肌理会产生不同的视觉感受以及心理反应，设计构成要熟悉材料属性。肌理是造型表面的纹理特征，可以分为天然的和人造的两类。人造肌理的表面纹理是以模仿和创造为主要手段。相同的材料可以人为做出不同的肌理效果，为作品提供不同的肌理设计效果。如织物材料包含的种类较多，有棉、麻、毛、丝、锦等，织物材料独特的材质、肌理与花色对产品的装饰具有软化作用，使人置身其中有温暖的感觉，触觉的柔软感使人感到舒适、亲切，织物材料与人之间容易产生一种"物人对话"的感觉。金属具有光泽（即对可见光强烈反射）、富有延展性，并且容易导电、导热，其成型方法有铸造、锻造、拉丝、切削等，表面处理方法有压印、喷漆、腐蚀、贴膜等。金属材料坚固耐久，种类丰富，表现力较强。材料的使用要做到变化丰富，可以将两种或多种材料组合在一起，产生融合或对比的效果，使其材质肌理更加丰富。在寻找熟悉的常用材料的同时，要尽力去挖掘新的材料，做到材料的独特、新颖，以达到更好的设计效果。所以，如今无论是建筑景观设计还是室内环境设计与家具陈设，以及包装、服装、产品、纺织品、印刷等，都在研究和应用着肌理的特征和属性（图5-11）。

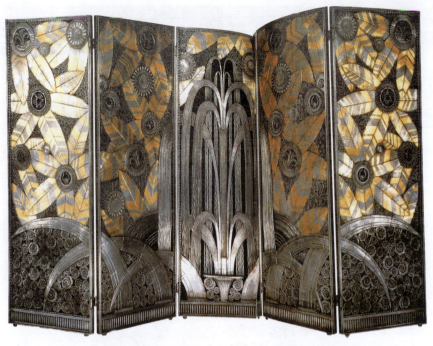

图5-11 金属材质——绿洲 埃德加·勃兰特

随着社会的进步和人们对设计更深入的认识,越来越多的新材料被运用到设计构成中。由于材料的构造不同,材料表面的肌理也不同,如陶泥材料、橡皮泥材料、纤维材料、透明皂材料、花泥材料和泡沫塑料、金箔、银箔、铝箔、转印膜等。我们在进行材料训练时,可以对同一种形态因应用不同的材料所带来的视觉感受进行比较,加强对不同材料的设计认知(图5-12、图5-13)。

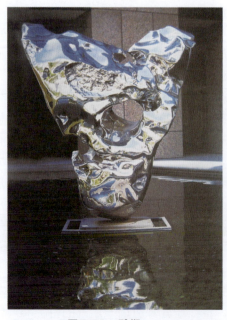

图5-12 雕塑

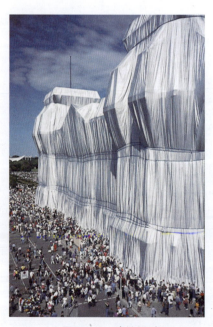

图5-13 建筑设计

5.2 新材料特性对艺术设计的影响

设计构成通过一定的材料工具和技术表现形式美，使得新材料的构成设计面临两大因素，即物的因素和人的因素。物的因素在本节中主要指能选择合适的工具材料。人的因素是利用合理的科学技术，也就是工艺流程及操作工具材料，表达自己的创意和审美。这两个方面是协同统一的关系。一幅构成作品即便有美的形式，如果粗制滥造，也不是优秀的作品。相反，工艺技术再先进熟练，形式上却是单调枯燥，也绝对不会起到愉悦观者心目的作用。所以，要创作出好的作品，就要最大限度地发挥设计中物的因素和人的因素的能量，除了形式美的训练外，还要把科学技术或者说工艺技术合理地融入到设计构成的视觉元素中，最准确地展现设计师的思维。

5.2.1 新材料的设计启示

材料总能给设计师带来新的思路和启示。新材料对设计的影响不仅限于技术性应用的范畴，而且包含了整体质感，一直对设计流行趋势的形成起着激发作用。随着表面工艺的提高，喷、涂、镀、贴等手段都可改变材料原有的表面材质特征，形成一种新的表面肌理特征，从而满足现代产品的多样性和经济性需求。这种肌理正是以"新奇"为贵。在材料日益丰富、材料技术不断发展的今天，材料设计成为设计创新的重要手段（图5-14）。

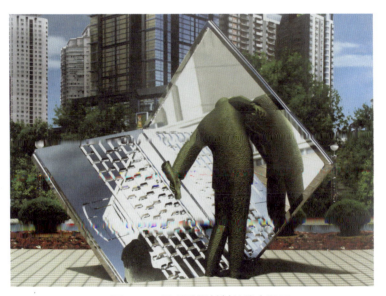

图5-14 景观雕塑材料的综合运用

设计师不必受到材料的限制，或者被动地接受材料科学的研究成果，而是应积极地评价和探索各种材料在设计中的应用价值，发掘材料在设计造型中的潜力。例如，Aliph的Jawbone蓝牙耳机新一代，设计来自Fuseproject。新一代最显著的特色就是外表面的钻石切割装饰，在光线下有着非常立体、丰富的视觉效果（图5-15）。又如软技术材料的应用，易弯曲的聚氨酯泡沫被公认为有高度的隔热和绝缘性，既可以坚硬的形式，也可以柔软的形式进行生产，应用领域十分广阔。运用软技术材料制作的键盘由镭射蚀刻而成，省去了不同语言版本的模具修改成本（图5-16）。瑞典艺术家Kjell Rylander 的陶瓷艺术品，使用茶杯和咖啡杯等茶具做成，其中采用的不少材料是二手或是破碎的盘子，新奇又富有创造力，并以简洁、直接、功能化贴近自然，绝非蛊惑人心的虚化设计（图5-17）。所以新型材料是一种造型的素材，对它的应用，需要考虑一些问题：它给人的感受是否强烈，视觉效果如何。同时也要考虑对肌理素材的品味和形态的处理手段，使所选定的材料元素不仅在主题内容上符合，也要在审美上让人在接受信息时有崭新的享受。

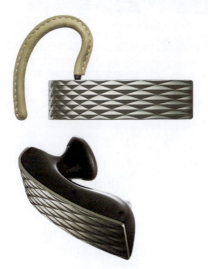

图5-15　Aliph 的 Jawbone 蓝牙耳机新一代

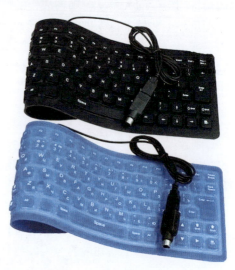

图5-16　软技术材料的应用

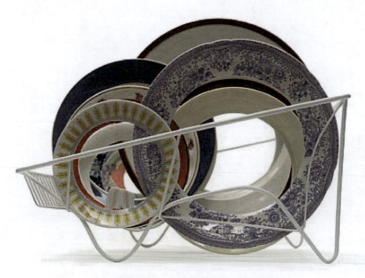

图5-17　Kjell Rylander 的陶瓷艺术

5.2.2　现代产品设计材质比较

在现代设计中，产品设计是一门技术与艺术结合的学科，产品在功能、外观、肌理、视觉、触觉等方面会使人感觉到一种美的体验。人们发现人的情感与产品之间存在着微妙的关系，人性化的因素越来越显现出重要性，产品设计已不是单纯以物质形态而存在，也不是单纯地被看作是一种物的表象。因此，赋予情感的产品设计越来越受到人们的关注，设计师要致力于通过各种手段将情感融于产品中。

在产品设计中，材质的物体特性和潜在的表现性因素被引发为产品内在的意蕴时，它们会更贴切地与设计主题和内容融合成一体，使产品具有更生动、更强烈的艺术魅力。早期的椅子大都以实木为材料，坚硬的材料使得椅子在造型上线条更加挺拔、流畅。而新技术与工艺的运用打破了实木的单一性，呈现多元的科技与时代文化的交融。1987年，意大利菲亚姆公司设计了一个幽灵椅，它是由水晶玻璃制成的。设计师对玻璃的成型可能性进行了研究，在一块玻璃板上用每秒1000米的混合材料的高压水柱制造了一道缝隙，然后用玻璃弯曲技术加以弯曲，使它获得了连续、透明、优雅的新造型，它是复杂现代技术和简单造型方法的完美结合。

材料的不同，必然带来设计的不同。新的材料必然会产生新的设计、新的肌理效果，给人带来新的感受。以椅子的设计为例，椅子的基本功能就是"坐"，另外它还有很强的象征和装饰功能，木材、金属、皮革、玻璃等材料随着成型技术的发展进步，并结合设计师的创意，展现出了不同肌理效果的形态和风貌，这些典型的形态也成为时代技术发展水平和人们社会生活的象征（图5-18～图5-25）。

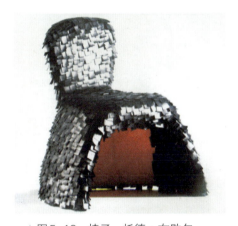

图5-18 椅子 托德·布歇尔

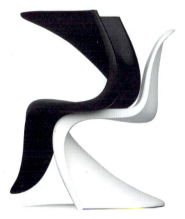

图5-19 "S"椅维纳尔·潘顿

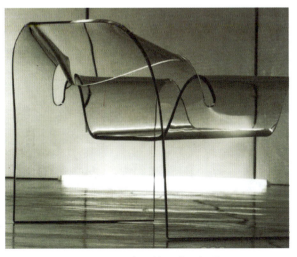

图5-20 幽灵椅 菲亚姆公司

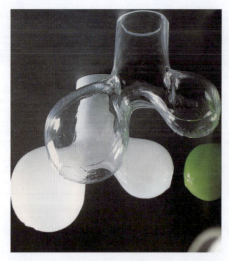
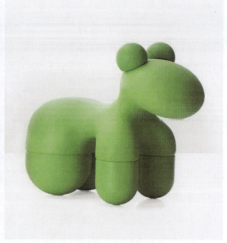

图5-21　家具设计（1）　艾洛·阿尼奥

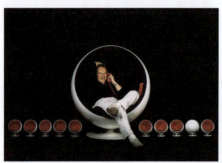
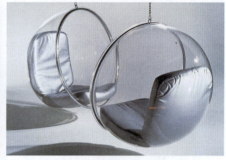

图5-22　家具设计（2）　艾洛·阿尼奥

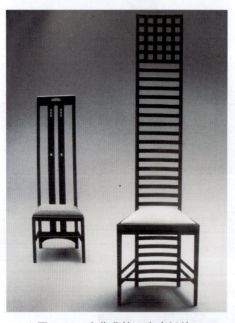
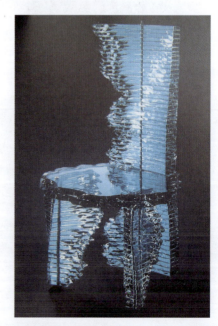

图5-23　高靠背椅　麦金托什　　　　图5-24　剪裁玻璃椅子　丹尼·莱恩

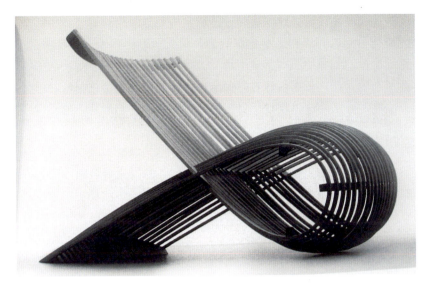

图5-25 木质椅子（Cappellini "Wooden Chair"）

现代产品的设计已经对肌理材质美的追求形成了新感受，突破了艺术表现方式的局限，扩大了艺术形式语言的研究与表现，并使各具特性的肌理语言有了独具魅力的个性特色。材料美成为产品造型美的一个重要方面，不同的材料给人不同的触觉、联想、心理感受和审美情趣，为现代产品艺术造型增添了一道亮丽的色彩。

5.2.3 新材料的设计美感及实践应用

材料是结构形式和功能的物质载体，而设计就是要依据人们对事物、功能和外观的需求选择适当的材料，设计它们的结构与形式，确立它们的组合方式。材料决定物质，设计决定形态。任何设计都必须建立在可选用材料的基础上，每一个设计最终都要落实到材料的应用上去。任何材料都充满了灵性，任何材料都在默默表达自己，都在展示自己的美丽。美感是人们通过视觉、触觉、听觉在接触材料时产生的一种赏心悦目的心理状态，是人对美的认识、欣赏和评价。所有设计都包含材料美和肌理美（图5-26）。

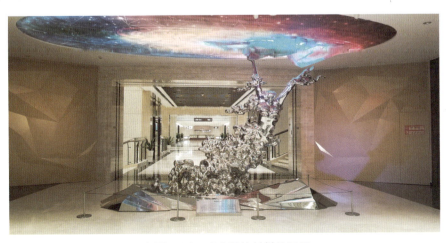

图5-26 室内装饰材料的运用

材质肌理在现代产品设计、纺织服装设计、室内外建筑设计等设计中都是不可缺少的元素。肌理应用得恰当，可以使造型更有魅力。材质肌理的作用，一是增强形态的量感，粗糙的肌理感觉厚重，细腻的肌理感觉平滑；二是能丰富形态的表情，增加物体的感情色彩；三是传达形态的功能，表面纹理方向提示操作功能；四是增强材料的强度，增强肌理的面材抗外力性能；五是能够体现设计材料的个性和特征，与形态、色彩构成物体在空间中的形式。

（1）室内设计中的材质应用

不同材质或装饰纹样的肌理形态在拓展设计空间、激发设计者的创造力方面发挥着重要的作用。材料肌理形态作为装饰因素，频频出现在我们的生活环境中，装点了生活，丰富了人们的审美体验。设计领域认为，人们的审美观念具有流动、变化的特征。随着时代的进步、科学技术的创新、社会生产力的发展和生产方式的改变，工艺技术水平不断提高，人们的审美意识也随之发生了深刻的变化。在艺术设计中，由于人们对装饰材料的讲究，以及对装饰表面的材质纹理和图案纹样所形成的肌理形态越来越注重，因而材料表面的肌理特性成为当今设计师注重并着力研究的一个新课题。

材料决定物质，设计决定形态。正如丹麦著名设计师所说："运用适当的技艺去处理适当的材料，才能真正满足人类的需要，并获得率直和美的效果。"

当然，室内设计的材料选择还要考虑到室内的功能以及空间设计需要，要根据使用功能和空间分区选择协调的材料，同时还要考虑材料的耐久性、环保性、经济性、地域性等因素，坚固、实用、环保、审美和谐统一（图5-27～图5-31）。

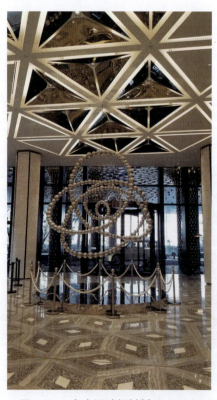
图5-27 室内设计新材料的运用（1）

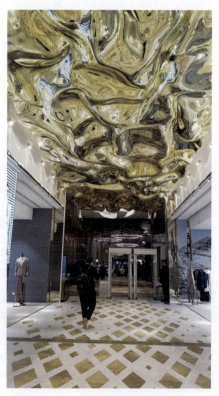
图5-28 室内设计新材料的运用（2）

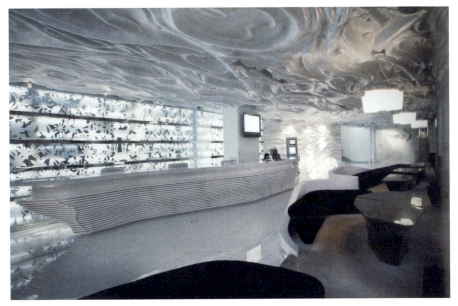

图5-29　室内设计新材料的运用（3）

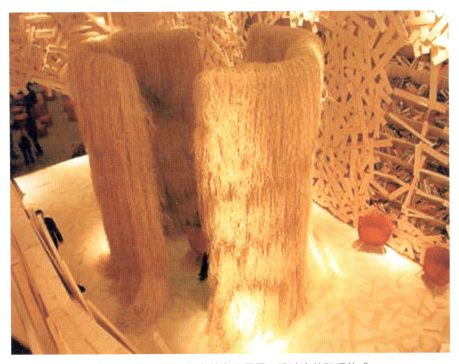

图5-30　2004年米兰家具展展示设计中的肌理构成

（2）纺织与服装设计中的材质效果

纺织品与服装设计的肌理表现重点在于研究各种服饰形态构成的纹理节奏、韵味与特殊的美感，认识肌理带给人们的情感联想与审美感受。因此，设计时不能将自然肌理照搬于设计中，要根据设计的要求，研究多种肌理形态应用于设计中的可能，从客观肌理得出启示，产生创作的灵感（图5-32～图5-35）。

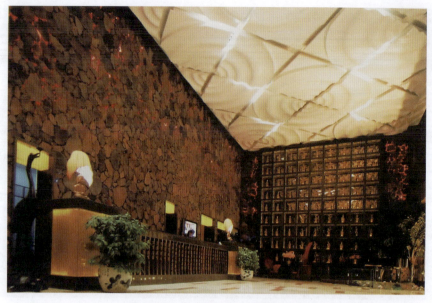

图5-31 室内设计中肌理构成的运用

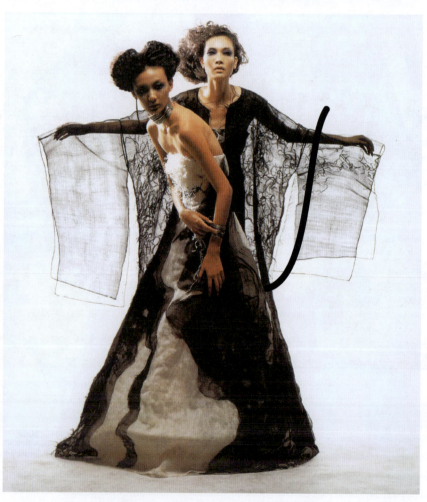

图5-32 服装设计中的肌理效果 李微

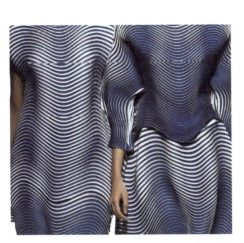 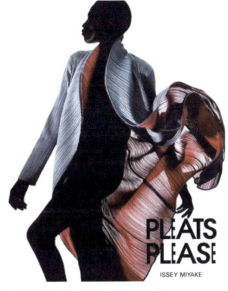

图5-33　三宅一生服装设计中的肌理效果（1）

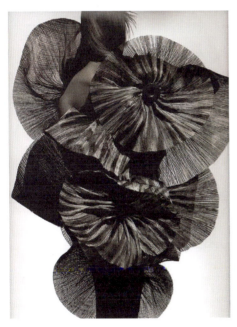 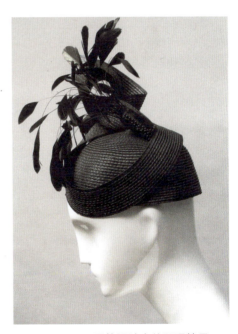

图5-34　三宅一生服装设计中的肌理效果（2）　　图5-35　服饰设计中的肌理效果

　　纺织品的材质肌理表现为两种：一种是由各种不同属性的纤维按照不同的组织结构而形成的丰富多样的纺织品面料本身的肌理状态（通常所说的质地）；另一种则是运用特种技法，由工具材料决定视觉形态而产生变化多端的图案和自身的肌理效果，使得特种技法的目的是追求多种视觉材质肌理的感受，进而使图案产生层次丰富的多种审美效应。20世纪80年代染织图案中流行的蝴蝶纹就是很好的例子。设计师从自然色彩肌理中得到启示，获得了构思的灵感，但他们不是把自然的肌理直接用于设计中，而是根据蝴蝶色彩面积的分割与肌理形态的走向特点，提炼出适合于不同平面尺度与不同设计对象的具有多种蝶纹意味的装饰肌理形态。日本著名设计师三宅一生的服装设计中也尝试了不同的材质。他结合手工艺者的技术，完成了他最多变而又才华横溢的系列设计，如服装设计中的褶皱层叠和悬垂技术，尝试用纸、亚麻、涤纶、针织物等进行褶皱处理，并且与面料设计师一起开发新面料，使其经过热压机处理形成纹路，旨在制造"第二皮肤"的新的服装材质效果。他从面料出发，不太突出人的形体曲线，而是在服装与身体间留下空间，实现身体留白的褶皱设计，使服装具有一种仿生物的有机感，找到了简洁而有力量的设计语言，不需要更多的装饰因素就可以创造丰富的变化。他的这种设计语言获得全世界很多人的认同，加速了东西方结合的视觉传播。

（3）建筑与数字媒体设计中的材质效果

建筑与环境设计是根据建筑的使用性质、所处环境和相应标准，综合运用现代物质手段、科技手段和艺术手段，创造出功能合理、舒适优美、性格鲜明，符合人的生理要求和心理要求的产品。要想使建筑的实用性、经济性、环境气氛和审美标准都获得很好的体现，就应熟悉材料质地、性能及肌理特点，为实现设计构思创造坚实的基础。

建筑材料本身有肌理纹理，这些纹理有水平的、垂直的、斜纹的、交错的。肌理形象表面的纹理，由于物体的材料不同，表面的组织、排列、构造更不相同，所以会产生粗糙感、光滑感、软硬感。在肌理的设计过程中，往往需要不断地实验、对比，反复地推敲，才能使肌理更准确地应用在设计中。

建筑材料肌理的设计，主要包括尺度、线性、纹理三方面。就尺度而言，要注意材料的尺度对装饰效果的影响。例如，大理石用于厅堂、外墙可以取得很好的效果，但是，如用于居室，则由于尺度太大而失去魅力。就纹理而言，要充分利用材料本身固有的天然纹样、图案和底色等方面的装饰效果，或者人工仿制天然材料的各种纹理与图案，以求在装饰中获得朴素、淡雅、高贵、凝重等各种效果。就线形而言，在某种程度上应将其视作建筑装饰整体质感的一部分，所以一般不可能形成强烈的光影，而必须借助色彩、材料的变化等加以区别。现代设计中有许多采用材料表面的肌理形态来作为装饰的实例。材料肌理具有具体、理想的表面特征，某些纹理的大理石、木材就可作为建筑室内外的装饰品。材料的不同质感对空间环境会产生不同的影响，给空间带来宽松、空旷、温馨、亲切、舒适、祥和的不同感受。设计空间时利用材料的质感，可采用不同的组合方式。材料的质感表现将成为建筑空间设计的新焦点。

古根汉姆博物馆，建筑比地名更著名，它已经从一个毕尔巴鄂的地标上升至毕尔巴鄂的代名词一般，因为对于大众来说，古根汉姆博物馆和巴斯克卫生部总部大楼一样在外形上给人带来了巨大的冲击，因为它们与常人所认为的建筑相去甚远。从材料上来说，古根汉姆博物馆使用玻璃、钢和石灰岩，整个建筑由一些外覆钛合金板的不规则双面体量组合而构成。由于钛金属的建筑表面的材料处理与不同方向弯曲的双曲面，建筑的各个角度都会产生不断变动的光影和诡异奇特的视觉效果，它以崭新的材料、奇美的造型和特异的结构博得了全世界的关注（图5-36、图5-37）。

建筑设计以及装置设计等在20世纪80年代就开始采用数字化的方法，应用计算机辅助设计技术进行制图。21世纪，世界上多数建筑物在设计完成过程中都需要数字化效果图，例如扎哈·哈迪德为世界许多城市所设计的建筑效果图都应用了计算机可视化技术（图5-38）。数字技术给建筑设计领域带来了革命性的变革，建筑效果渲染图和建筑景观

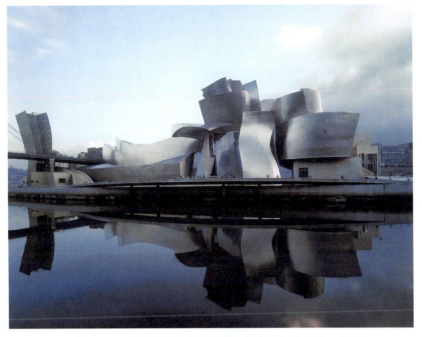

图5-36　毕尔巴鄂古根汉姆博物馆外面　弗兰克·盖里

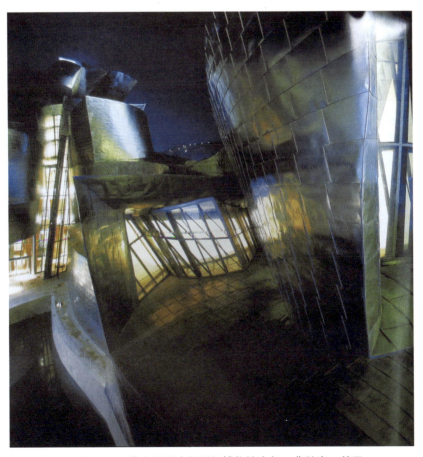

图5-37　毕尔巴鄂古根汉姆博物馆内部　弗兰克·盖里

漫游动画是数字化最成功的应用领域之一。数字媒体设计中，材料的美感及应用可以创造出不同场景和不同效果，能够准确、方便地将设计意图传达给客户，可以给人留下一种鲜活的印象。这种过程对接受者而言是主动的、愉快的和有参与欲望的。设计师往往对数字媒体中材料敏感的激发设计创意做深入研究和表现，比如2010年洛扎诺·亨默在墨尔本展出了一个大型的公共装置作品，名称是《太阳方程式》（图5-39）。该作品采用了由计算机生成的粒子动画，数字媒体动画通过在空间中形成直径约14m的大气球来模拟真实的太阳。这个投影动画产生一种持续不断变换的景观，模拟太阳表面的湍流、耀斑和太阳黑子的影像纹理，让观众可以近距离欣赏太阳表面的绚丽景象。

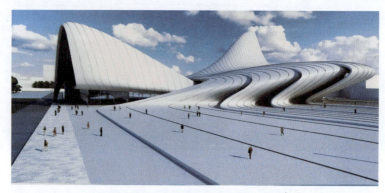

图5-38 建筑设计 扎哈·哈迪德

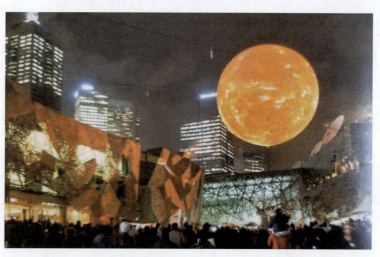

图5-39 公共装置作品《太阳方程式》 洛扎诺·亨默

建筑与数字媒体空间设计是依据一定的设计方法对空间环境进行美化的活动，如果能巧妙地利用材料的特性，会增强空间的视觉魅力。在设计中运用各种材料肌理组合形态可以设计出更好的产品，是获得各类设计整体丰富协调效果的重要途径。

参考文献

[1] 诸葛铠. 设计艺术学十讲[M]. 济南：山东画报出版社，2006.
[2] 滕守尧. 美学·设计·艺术教育丛书[M]. 成都：四川人民出版社，1998.
[3] 柳冠中，王明旨. 设计与文化[M]. 北京：国际商报社，1987.
[4] 贾方. 大师智慧[M]. 武汉：华中科技大学出版社，2010.
[5] 赵志生，王天祥. 立体构成[M]. 重庆：重庆大学出版社，2002.
[6] 张晓敏. 现代室内设计[M]. 上海：上海辞书出版社，2008.
[7] 度本. 世界风尚·室内空间与色彩（A）-（B）[M]. 武汉：华中科技大学出版社，2010.
[8] 曾涛. 流连.82个秉性空间[M]. 大连：大连理工大学出版社，2009.
[9] 关雪，仑余雁. 构成[M]. 北京：高等教育出版社，2010.
[10] 万萱. 平面构成[M]. 成都：西南交通大学出版社，2009.
[11] 布莱恩·L. 彼得森（美）. 创意设计基础[M]. 合肥：安徽美术出版社，2006.
[12] 舍尔·柏林纳德（美）. 设计原理基础教程[M]. 上海：上海人民美术出版社，2004.
[13] 朝仓直巳（日）. 艺术·设计的平面构成[M]. 上海：上海人民美术出版社，1987.
[14] 王令中. 视觉艺术心理[M]. 北京：人民美术出版社，2005.
[15] 玛乔里艾略特·贝弗林. 艺术设计概论[M]. 上海：上海人民美术出版社，2006.
[16] 辛华泉. 形态构成学[M]. 杭州：中国美术学院出版社，2003.
[17] 钟蜀贴. 色彩构成[M]. 杭州：中国美术学院出版社，1994.
[18] 陈瑛. 色彩构成[M]. 武汉：武汉大学出版社，2003.
[19] 伊顿. 色彩艺术[M]. 上海：上海人民美术出版社，1993.
[20] 王序. 平面设计师之设计历程[M]. 北京：中国青年出版社，1998.
[21] 任世忠. 室内装饰材料的肌理与情感及应用[J]. 美术观察，1998（4）：54-56.
[22] 陶兴琳. 室内装饰设计中色彩与材质的运用[J]. 江汉大学学报（人文科学版），2003，22（6）：105-106.
[23] 王化斌. 画面肌理构成[M]. 北京：人民美术出版社，1994.
[24] 黄国松. 染织图案设计[M]. 上海：上海人民美术出版社，2005.
[25] 欧阳莉. 立体构成[M]. 长沙：湖南美术出版社，2009.
[26] 俞爱芳. 立体构成训练[M]. 杭州：浙江人民美术出版社，2006.
[27] 胡介鸣. 立体构成[M].2版. 上海：上海人民美术出版社，2006.
[28] 金剑平. 立体构成[M]. 武汉：湖北美术出版社，2006.
[29] 王丽云. 构成进行时空间形态[M]. 南京：东南大学出版社，2010.
[30] 徐文，李刚. 立体构成课题研究[M]. 沈阳：辽宁美术出版社，2005.
[31] 赵志生，王天祥. 立体构成[M]. 重庆：重庆大学出版社，2002.
[32] 袁涛. 设计构成[M]. 北京：北京大学出版社，2013.
[33] 米宝山. 设计构成[M]. 北京：机械工业出版社，2011.
[34] 艾伦·勒普顿，珍妮弗·科尔·菲利普斯. 设计课：马里兰艺术学院平面设计案例集[M]. 武汉：湖北美术出版社，2020.
[35] 李四达. 数字媒体艺术概论[M]. 北京：清华大学出版社，2020.
[36] 卡罗琳·罗伯兹. 平面设计梦想家[M]. 北京：中国摄影出版社，2017.
[37] 西奥·英格里斯.20世纪中期现代主义平面设计[M]. 北京：中国画报出版社，2020.
[38] gaatii光体. 欧洲平面设计新浪潮[M]. 武汉：华中科技大学出版社，2021.

后记

  本书是在设计基础平面构成、色彩构成、立体构成三大构成教学实践中研究、编写而修订完成的。因教学所需，书中引用了诸多的经典设计案例，图例大多来源于参考文献中的中外艺术家作品和诸位教育界同仁的设计作品，亦选用了部分学生优秀设计习作。在此，非常感谢所有创作者为设计教学发展做出的贡献。书中如有版权署名遗漏，请及时联系我们，以便日后修正。

  此书为山东省社科联人文社会科学专项研究课题（项目编号：2023-JCXK-045）"设计基础学科三大构成创新性研究"研究成果之一。

编者

2023年11月